MW00387632

Raphael
Quiero vivir

Raphael

Con la colaboración de Luis del Val

Quiero vivir

temas de hoy.

Fotografías de interior: archivo personal del autor, excepto aquellas en las que se indica

Paseo de Recoletos, 4. 28001 Madrid
www.temasdehoy.es
Primera edición: abril de 2005
ISBN: 84-8460-443-8 (rústica)
ISBN: 84-8460-427-6 (tapa dura)
Depósito legal: M. 12.839-2005
Compuesto en J.A. Diseño Editorial, S.L.
Impreso en Artes Gráficas Huertas, S.A.
Printed in Spain–Impreso en España

ÍNDICE

Al donante

PRÓLOGO

Durante aquellos meses terribles de la espera, el sonido del teléfono se convirtió para nosotros en algo muy difícil de explicar con palabras. Una de esas llamadas podía ser LA LLAMADA. Y la voz de la coordinadora de trasplantes del Hospital 12 de Octubre nos ordenaría: «Venid inmediatamente».

De noche, con el teléfono pegado a mi almohada, soñé varias veces que esa llamada se producía. Pero sólo era un sueño. Llegaba un nuevo día y la primera pregunta de mi marido era: «¿No han llamado...?».

Únicamente quienes han vivido o están viviendo la espera de un trasplante pueden entenderme. Los demás sólo podrán imaginar, muy de lejos, lo que esta espera significa.

En cualquier otro tipo de operación, el doctor fija la fecha. Cuando es de un trasplante de lo que se trata, nadie puede fijar nada. Sólo queda esperar. Y esa espera se eterniza y los meses se convierten en siglos.

La familia va viendo día a día el deterioro del enfermo, con una angustia, una desesperación y una impotencia inmensas. Me solidarizo con todas las familias que, hoy, rodean a quien está en lista de espera, y si de algo puede servir mi experiencia, les ruego que vuelquen su cariño, su comprensión, su aparente serenidad y su paciencia en ese enfermo querido, que es lo único que importa y que cuenta, y cuyo sufrimiento está siendo atroz. Es lo único que podemos hacer para ayudarle, lo único que tenemos la obligación de hacer por él. Y luchar con todas nuestras fuerzas para que la esperanza no se canse de esperar. Yo debo a mis hijos el haber sabido resistir, el obligar a la procesión a que fuese siempre por dentro, el permanecer en pie. Sin ellos, qué difícil hubiera sido todo. No encuentro palabras para hablar de su comportamiento, de su cariño, de su valentía y de su generosidad.

El título de este libro es «¡Quiero vivir!». Raphael lo gritaba hacia adentro durante los meses de su enfermedad, aun cuando, ya al final, apenas podía sostenerse en pie. El grito fue su autodefensa, la tabla de salvación que jamás quiso soltar.

Aquel martes 1 de abril de 2003 sonó el teléfono. No cesaba de sonar durante el día entero desde hacía meses, pero aquélla era LA LLAMADA. Raphael se encontraba al límite de sus fuerzas. Y salimos, sin perder un minuto, hacia el Hospital 12 de Octubre. El trasplante ha marcado un antes y un después en nuestras vidas. Nada es ya igual: hoy es mejor.

Cuando vi a Raphael, apenas seis meses después de la operación, en el escenario del Teatro de la Zarzuela, supe realmente que la vida había empezado de nuevo para él. Y, con él, para mí. Para nosotros.

Gracias, Dr. Enrique Moreno. Unas gracias inmensas.

Y he querido dejar para el final mi alusión al donante, auténtico protagonista de esta historia. No sé quién es la persona gracias a la cual Raphael está vivo. Sé que no hay una sola noche en la que no le dé las gracias con toda mi alma.

Gracias, sí, a todos los donantes y a sus familias, por ese acto de generosidad extraordinaria e impagable. ¿Pueden existir palabras suficientes de agradecimiento para quienes están dando la vida a tantas otras personas...? Yo no sé encontrarlas.

NATALIA FIGUEROA

Algunas veces, mi mano izquierda se desplaza hacia el costado derecho y se queda allí, quieta y en reposo. Es un gesto consciente, aunque puede ser que las primeras veces surgiera de manera espontánea y mi mano hubiera querido asegurarse de que seguía allí el órgano que me había devuelto la vida. No lo sé. Los movimientos que hacemos, los tics, unas veces son heredados, y ya los hacía algún pariente lejano o un abuelo, y, otras, surgen de nuestras manías o de nuestras preocupaciones. He conocido gente que tuerce los pies sobre el empeine, o que tiene que tranquilizarse palpándose el lóbulo de la oreja, o que se pasa los dedos por la frente, de vez en cuando, como si quisiera borrar los pensamientos y empezar a escribir otros nuevos, y yo, consciente, me llevo la mano izquierda al costado contrario, y se queda allí un rato.

Y me siento bien. Creo que a la mano le gusta. Y que también le agrada a mi hígado implantado, que se siente querido y bienvenido, arropado en esta familia de nervios, venas y músculos recién conocida.

A veces, he imaginado que se saludan. «¿Qué tal sigues?» —le pregunta la mano. Y él responde: «Bien, muy bien. Aquí estamos, trabajando». Y la mano se siente tranquila, y yo también. Podría ser una canción. Una canción extraña que no todo el mundo entendería. O puede que sí, que no haya otra cosa que no se pueda entender mejor que nuestra dependencia de nuestro cuerpo, porque sin él no existiríamos.

I

NEGATIVA ROTUNDA... PERO NO TANTO

La primera vez que me sugirieron que escribiera mis experiencias de persona que se ha sometido con éxito a un trasplante de órganos me negué. Para mí suponía volver a revivir el dolor, zambullirme de nuevo en los momentos de mayor angustia, de mayor impotencia de mi vida. Significaba volver a aquellos insoportables picores que venían con el atardecer y no se marchaban hasta que llegaban las primeras luces del día, a las miradas artificialmente animosas de mis amigos, que tenían que ocultar su tristeza para no aumentar la mía, envolverme otra vez en una sucesión de sensaciones ninguna grata, salvo la generosidad de la gente que te quiere, que alcanza sus cotas más admirables, pero en un ambiente depresivo.

Además, yo nunca he sido exhibicionista. Lo que soy en el escenario es lo que se ve y está a la vista de todo el mundo. Y ahí está expuesto a las críticas, al aplauso, incluso a la imitación. Pero cuando mi actuación ha terminado, y salgo del camerino, soy un ciudadano tan particular como el camarero que cuelga la chaquetilla y se marcha a su casa. El camarero ya no sirve más cafés y se dedica a su vida íntima. El artista ya no canta, ya no baila, ya no tiene por qué actuar, ha terminado su trabajo y es un ciudadano que, como todos, tiene derecho a su privacidad. Eso no quiere decir que no comprenda que los periodistas tienen un trabajo que hacer, pero nunca he mercadeado con mis sentimientos, con mis aficiones, con mi familia, con mi intimidad.

Ponerme a escribir sobre las sensaciones de algo tan personal como es la enfermedad y lo que lleva consigo me parecía un exhibicionismo casi morboso que, por un lado, destruía una manera tradicional de actuar mía, y, por otro, no alcanzaba a pensar qué interés podría tener.

Y ahí intervinieron los médicos. Me dijeron que, al ser una persona conocida, la narración de lo que me había sucedido y terminado con éxito podría ayudar a que se extendiera la necesidad de que aumentase el número de donantes. Opuse mis razones. Me devolvieron argumentos que las neutralizaban. Además, yo estaba en deuda con todo el mundo: con los médicos que me habían tratado y que me habían encaminado hacia una auténtica resurrección, con todo el formidable equipo sanitario que está comprometido en las operaciones de trasplante y cuya calidad profesional es conocida fuera de nuestras fronteras, y con esas personas que, como he estado yo, dependen de un gesto de generosidad impresionante, llevado a cabo en un momento terrible, para poder seguir viviendo.

Por si fuera poco, yo tenía un compromiso. Me habían dado lo más grande que se puede dar a una persona sin pedir nada a cambio.

Tras la recuperación había hablado con Natalia de esto, de todo lo que me habían dado sin que yo ofreciese nada, de la sensación de ser un deudor, pero no por soberbia, no, sino por mostrar de alguna manera mi inmenso agradecimiento. Le di vueltas a una fundación que ayudara al mundo de los trasplantes, pero mi desconocimiento de la materia es total, y me asustaba ponerme en manos de asesores, de no saber si la idea sería acertada o la ayuda se iba a diluir en una burocracia inútil de escasos efectos.

Así que, a la vez que los médicos desmontaban mi negativa, se abrió la posibilidad de que si se llevaban a cabo estas confesiones y se publicaba el libro se podían cumplir los objetivos que me habían expuesto y, a la vez, los beneficios podrían dedicarse como apoyo económico a alguna asociación cuya misión fuera la difusión de la solidaridad del trasplante.

De esa manera, lo que había sido una rotunda negativa se convirtió en afirmativa colaboración. Creo que en la vida de todos sucede alguna vez que el rechazo del principio se convierte en entusiasta aceptación, tiempo más tarde. O al contrario. Y así fue. He roto mi promesa de no mostrar mi intimidad, he quebrado la huida de volver a recordar una etapa dolorosa, pero lo hago por una buena causa. Si la lectura de este libro pudiera propiciar que a una persona, a una sola persona, le llegara la generosidad salvadora que le permitiera seguir vivo entre nosotros, estaría justificado el quebranto de mi promesa personal y cualquier desazón que me haya provocado el, en este caso, penoso ejercicio de la memoria.

Así que decidí que todo lo que a mí me correspondiera como autor de este libro fuera donado a la Fundación Investigación Biomédica 12 de Octubre, el lugar donde me habían devuelto la vida.

II

EL DÍA QUE NO ME CONOCÍ EN EL ESPEJO

Le he dado muchas vueltas a la manera de contar todo esto y quiero ser completamente sincero. Eso quiere decir que es posible que me apasione con algún detalle, porque me impresionó más o se clavó de manera más honda, o que salte de un asunto a otro asociado, que si no lo digo temo que se me pueda olvidar. Tampoco quiero ser caótico. Como todas las historias, tiene un principio y un final, pero como el argumento y el final ya se conocen de antemano, creo que es más importante transmitir los sentimientos y las impresiones que tratar de ordenar con exactitud todos los detalles en orden cronológico. Es posible que, en ocasiones, avance acontecimientos que sucederán más tarde, o que me retrotraiga a momentos anteriores, porque el pensamiento asocia de repente y no le puedes dar órdenes para que se detenga, pero habrá un orden lógico que evite el barullo o el amontonamiento. Por ponerle un principio, podríamos comenzar una noche, en un hotel…

Una noche, en el hotel Majestic, de Barcelona, después de representar el musical *Jekyll y Hyde*, me miré al espejo y quedé horrorizado. No me reconocía. Aquella cara abotargada, hinchada, como si viniera de una semana de grandes comilonas, aquel vientre abultado que más parecía el de una mujer embarazada que el de un hombre de mi edad, aquellas gorduras… Pero no esas gorduras relucientes, lustrosas, de persona que tiene esa conformación, sino unas carnosidades, unos abultamientos enfermizos, terribles. Me asusté. Me asusté de verdad. Y, en lugar de cortar las actuaciones y marcharme a consultar con mi médico y mi amigo de toda la vida, el doctor Vicente Estrada, me escondí. Me escondí incluso de mí mismo, no quería ver a nadie, no por nada, sino para que nadie me viera, pero cada noche tenía que salir al escenario, y llevé a cabo esa barbaridad que es tan cotidiana entre los españoles: recetarnos medicamentos a nosotros mismos, sin consultar, no ya con el médico, sino ni siquiera con el farmacéutico. Y aumenté las dosis de Seguril. Gran parte de los líquidos que retenía, que me engordaban artificialmente, los iba eliminando hasta el momento de la representación, pero eso no hacía sino aplazar de manera grave el problema que tenía. Es curioso que estuviera representando al Dr. Jekyll y a Mr. Hyde, y yo fuera una parodia de lo mismo, porque había un Raphael que cumplía su trabajo, cada noche, en el teatro, y que sonreía ante los aplausos, y que parecía feliz, y había otro ser, del mismo nombre, que se desnudaba en el cuarto de baño del hotel, se miraba al espejo y quedaba espantado del monstruo que se reflejaba allí. Una vez, al levantarme de la cama, miré hacia abajo, y me percaté de que la hinchazón del vientre me impedía ver el sexo; sólo podía contemplar la semiesfera que comenzaba a abultarse en el esternón, como un globo, como si en el laboratorio de mentira del Dr. Jekyll estuviera tomando una droga que me producía esos efectos desastrosos. Era el mes de octubre del 2002. No creo que los espectadores lo notaran. Tampoco me explico cómo podía trabajar en aquellas condiciones físicas y psíquicas tan lamentables. En cuanto llegaba el coche al paseo de Gracia, entraba en el hotel, y, pasada la barrera de incondicionales fans que noche a noche me esperan para saludarme y que en ocasiones vienen de ciudades lejanas, y pasados los afectuosos saludos en conserjería y recepción, me enfrentaba a la puerta de mi cuarto, ya sabía que dentro no entraba el artista al que hacía poco habían aplaudido, sino un monstruo deforme, hinchado, horrible, que no se reconocía en el espejo y que tenía miedo de contemplarse.

Es curiosa la forma en que los seres humanos nos adaptamos a las situaciones más catastróficas o nos aferramos a la decisión tomada sin intentar reflexionar sobre si la resolución que hemos tomado es la más adecuada, dando por hecho que no existe otra. A lo mejor, por un pequeño síntoma de catarro hubiese llamado a Vicente Estrada, o lo hubiera comentado con Natalia, pero aquello que me tenía apresado, que me tenía encerrado en una pesadilla que se hacía y deshacía entre la mañana y la noche, me lo guardé para mí solo. Puede que fuera que estaba tan asustado que no quería enfrentarme y prefería arrastrarme desde el final de la representación hasta la actuación del día siguiente. Era costoso, suponía un gran esfuerzo, pero un esfuerzo conocido. Desgana, abotargamiento, Seguril, y vuelta a empezar. He oído narraciones de las personas que han estado en campos de concentración, en situaciones horribles, y ellos mismos se asombran de cómo se adapta uno a lo que hay, y hasta siente momentos de dicha, porque ha encontrado un mendrugo de pan o ha dejado de llover sobre las miserables ropas ya empapadas. Lo entiendo perfectamente. Por muy mala que sea la situación, si has aceptado que es así, llega un momento en que consideras que lo excepcional es normal. Aquel tipo gordo que se veía en el espejo debía ser yo. El cansancio terrible antes de la actuación, la desgana, cuando no creo que haya persona más animosa antes de salir al escenario, parecían cosas cotidianas. Y como te mientes a ti mismo, les mientes a los demás. A todos. Me preguntaban que qué tal estaba y yo decía que muy bien. Les mentía a mis hijos, a mi mujer, a todos. Les contaba que todo iba bien, que el teatro estaba lleno, que al público le gustaba mucho, que las ovaciones eran unánimes, y que yo estaba muy bien. Y ellos me creían. ¿Por qué no iban a creerme si no me veían la cara y mi voz sonaba bien? Y así terminé la temporada de Barcelona.

Lo sensato, lo lógico, hubiese sido que al llegar a Madrid me hubiera sometido a un reconocimiento médico, pero al cabo de unos días teníamos que ir a Bulgaria, a la boda de Kalina, la hija de Simeón y Margarita, y, a la vuelta, tenía que actuar en Valencia. Los seres humanos caemos a menudo en la soberbia de la agenda, y si la agenda está llena de compromisos pensamos que le podemos dar con la puerta en las narices a cualquier visita inesperada sea doña Enfermedad o doña... bueno, la Gran Dama. ¿Cómo vamos a interrumpir nuestros compromisos? Espérense, señoras, por favor, que no tengo tiempo ahora de estar enfermo, ni pueden decirme que ya se ha acabado todo. ¿No ven que tengo la agenda repleta? Dense una vuelta por ahí y traten con gente menos ocupada que yo.

Somos así, ¿verdad? Sí, somos así. Yo no diría egoístas, ni siquiera eso. Creo que organizamos nuestro mundo al margen de cualquier contrariedad, como si la contrariedad fuera algo que les ocurre a los demás. ¿Por qué nos va a ocurrir a nosotros? ¿Hemos hecho alguna mala obra para que se nos castigue? Y cuando llega la contrariedad nos quedamos muy sorprendidos... ¿Cómo sorprendidos?, nos quedamos estupefactos.

Pero yo no estaba estupefacto, estaba viviendo una doble vida, y me parecía —o estaba seguro— que si iba a ver al Dr. Estrada, ni me iba a dejar ir a la boda, ni me iba a permitir actuar en Valencia y, lo que todavía era peor, me iba a descifrar lo que me ocurría, que es de lo que en realidad estaba huyendo.

III

AQUEL DICIEMBRE DE 2002

Fui a Bulgaria a la boda. Y no me encontraba mal. Estaba entre los míos. Estar con la familia es para mí una de las mejores medicinas, y aunque lo que me estaba pasando no lo iban a poder sanar ellos, mis ánimos estaban mejor. Yo seguía mintiendo. «¿Qué tal estás?» «¡Muy bien, estupendo!» Y me creían, porque mi aspecto en esos días concretos no era catastrófico y yo ponía mucha convicción en la respuesta. Puede que pusiera más énfasis, por si me notaban algo y trataban de impedirme ir a representar *Jekyll* a Valencia.

El hígado es muy engañoso. No es como el riñón, que cuando te produce un cólico no aguantas de dolor, o como una muela, que no para de doler. El hígado disimula, no duele. Produce una inmensa tristeza, malestar general, pero si en aquellas vísperas de Navidades me hubieran preguntado qué tal tenía el hígado, hubiera dicho que muy bien, que quizá mi problema debía de ser el estómago. El hígado trabaja en silencio y se estropea en silencio. No te avisa cuando es eficiente, ni te envía recados urgentes y llamativos cuando no hace bien su cometido. Tampoco es como el corazón, que se para repentinamente y, o se vuelve a poner en marcha, o ya se ha acabado todo. El hígado es lento en estropearse, y muy discreto. Demasiado discreto. Incluso hay etapas en que produce la impresión de que funciona a la perfección, y sientes el espejismo de que todas las molestias anteriores han sido producto de un achaque pasajero y sin importancia. Además, cuando te encuentras bien o al menos no tan mal como has llegado a estar, parece que los padecimientos anteriores son algo lejanísimo, que nunca podrá volver a ocurrir. Ése es nuestro deseo y, como los seres humanos acostumbramos a confundir los deseos con la realidad, nos parece que lo real es lo que deseamos. Por si fuera poco, en todo este proceso sólo intervienes tú, de tal manera que es un juicio en el que no existen fiscales acusadores, sino que eres tú juez y parte, abogado defensor y el que dictamina lo que quieres que sea. Y emites el fallo: estás muy bien. ¿No es lo que le decía a todo el mundo? Pues eso, estás bien.

Estaba tan bien que, a la vuelta de Bulgaria, me fui a Valencia a cumplir con las actuaciones previstas.

En Valencia, como sucedió en Barcelona, me vuelvo a hinchar. Retengo los líquidos, y un fisioterapeuta me da masajes todos los días, unos masajes especiales para evitar las retenciones. Sigo sin consultar con mi médico, y entre los masajes y el Seguril vivo mi particular *Dr. Jekyll y Mr. Hyde* por partida doble: una, en el escenario y, otra, en mis transformaciones fisiológicas, que me engordan y me vuelven a la normalidad, tal como he dicho antes, como si yo mismo hubiera tomado un brebaje en un laboratorio que me alterara y me convirtiera en otra persona.

No termino muy mal, pero cuando acabo en Valencia y regreso a Madrid, el 11 de diciembre, voy a que me vea mi médico, porque ha pasado ya mucho tiempo desde aquellas noches en el Majestic, estoy empezando a cansarme de disimular y de mentir, puede que sea el cansancio del huido, fatiga mucho también esa hipocresía permanente, tensa demasiado y, por mucho que quiera falsear la realidad, llega un momento en que la evidencia se impone.

Vicente se queda sorprendido. Atónito. Yo había hablado con él por teléfono en varias ocasiones, y le había dicho lo mismo que a todos, que estaba estupendo y que la obra era recibida con entusiasmo por el público. Y se lo había dicho, claro, con vigor en la voz, porque era verdad que la obra era un éxito, y porque si yo había decidido que estaba bien, tenía que demostrarlo por teléfono, más que con nadie, con mi médico.

Él creía que iba a encontrar al amigo que estaba por ahí triunfando en los escenarios, y, de repente, se tropieza con una piltrafa, un tipo pálido, con el abdomen hinchado, o sea, un enfermo, que no se explica cómo puede estar trabajando. Llama a Natalia y dice que me tiene que hospitalizar. Natalia, extrañada, pregunta que qué sucede, y le explica que me tiene que sacar líquido del vientre porque tengo una gran cantidad de ascitis. Y me sacan diez o doce litros del vientre, y me inyectan albúmina intravenosa para neutralizar el efecto de la salida del líquido y para que pudiera seguir orinando. Y, cuando acaba todo eso, le digo a Vicente que me tiene que dar de alta, aunque sea momentáneamente, porque al día siguiente tengo que grabar mi especial de Navidad de TVE. Y él, que me conoce, y sabe que sería mucho peor que me escapara, me autoriza con el compromiso de que, en cuanto concluya la grabación, vuelva a hospitalizarme.

Aun así, a pesar de encontrarme en una situación nada esplendorosa, participo también en un programa especial que presenta Pedro Ruiz en TVE, en beneficio de la tragedia del *Prestige,* y en el que colaboramos Joan Manuel Serrat, Concha Velasco, Imanol Arias, Luz Casal y yo, entre otros.

La grabación de la gala de Navidad se hizo. Nadie se enteró de que unas horas antes me habían sacado diez litros de líquido, ni de que estaba enfermo. Quizá notaran que me movía con más dificultad, que no estaba muy ágil, y que, fuera de los momentos de grabación, se me veía triste. De hecho, mis compañeros artistas me decían cariñosamente: «No trabajes tanto, tienes que descansar». Y yo les contestaba: «No, si no es el trabajo...». Y tanto que no lo era. Si hubieran sabido... Pero yo canté y actué como si no sucediera nada. Luego, días más tarde, Vicente me diría que había visto la grabación y, amén de que él sabía en qué condiciones se había realizado, lo que no le convertía en ningún adivino, aun cuando hubiera carecido de información, me notó mucho más bajo que en cualquier otro programa.

Al día siguiente volvieron a hospitalizarme. Esta vez me sacaron casi veinte litros de líquido del abdomen, y en la exploración notaron que tenía el hígado muy duro, y que existía un aumento del bazo. A partir de ese momento comenzaron un tratamiento convencional sin saber si aquello era debido a que ingería alcohol o a que se había disparado el virus de la hepatitis B.

El diagnóstico fue de «hepatopatía crónica de origen cirrótico». Según me ha contado después Vicente, todos los parámetros típicos de la cirrosis estaban positivos. Es decir, que tenía anemia, disminución de leucocitos y disminución de plaquetas. Y los virus eran positivos desde el punto de vista serológico, es decir, el anti H, el convencional que no quiere decir que estás enfermo, era positivo.

Durante esas dos semanas espantosas sufrí varias encefalopatías. La primera vez me encontró Natalia a las ocho de la mañana sentado a los pies de la cama, acurrucado, semiinconsciente. No contestaba y miraba sin reconocer. Llamaron urgentemente a una ambulancia y me ingresaron en La Luz.

Ahí empezó realmente el calvario.

Entonces decidieron hacer una determinación del DNA del virus. Y el DNA del virus B les sorprendió en el sentido de que no tenía viremia alta, es decir, los virus en la sangre no estaban excesivamente altos. Eso quería decir que la tasa de virus B era negativa, lo que significaba que se trataba de algo antiguo que había ido afectando, poco a poco, a la función hepática.

Fue entonces cuando por primera vez me empiezan a hablar de la necesidad de un trasplante como única solución. A lo que me niego rotundamente.

Y aunque aquello, en el fondo, viene a significar algo tan traumático como que con el hígado que tengo no voy a poder vivir durante mucho tiempo, no me doy cuenta en ese instante de la gravedad de la situación. Mejor dicho, sé que es algo grave, pero no tengo todavía conciencia de que estoy en un terreno donde lo que se juega ya no es la enfermedad o la curación, sino la vida o la muerte. Pienso, o quiero pensar, que al no ser algo de un día para otro, tiene solución. Porque, como ya he dicho antes, había días en que me encontraba bien y no tenía dolores, y eso te empuja, te lleva a creer que estás en una etapa pasajera, y que los médicos siempre exageran para asegurarse de que vas a ser disciplinado y te vas a mostrar obediente en todas sus indicaciones. A veces, en las relaciones entre el médico y el enfermo, por mucha amistad que haya entre ellos, parece existir una relación de mutua desconfianza. El médico parece decirse «voy a exagerar un poco en el rigor del tratamiento, porque los enfermos son siempre indisciplinados», mientras que el enfermo piensa «los médicos siempre exageran, no será para tanto».

Yo seguía aferrado a mis planes de trabajo, y pretendía llevar a cabo la gira que tenía pendiente y que comenzaba a finales de enero en México. Me agarraba a eso como si fuera una tabla de salvación y me negaba a cancelar nada, a que nadie se enterara de lo que me estaba pasando... Evidentemente, llegó un momento en el que me di cuenta de que era absurdo seguir con mis planes. Me sentí vencido y tiré la toalla.

En esos días se me explicó que existía también la posibilidad de un trasplante de donante vivo, que alguien de la familia que fuera compatible conmigo me donase un lóbulo de su hígado. Pienso que me comentaban lo del lóbulo como si se tratara de algo sencillo, una especie de añadido que te ponían a tu hígado, algo cotidiano que se podía hacer en el momento en que se encontrara el donante adecuado, para tranquilizarme. Y entre los eufemismos, las medias verdades, y mi deseo de no querer investigar, ni desconfiar, me encontraba en una relativa tranquilidad. Lo que sí me preocupaba es cómo y por qué había contraído la hepatitis B.

IV

LA HEPATITIS B AL ALCANCE DE TODOS

No hace muchos años, cuando apareció una nueva y terrible enfermedad, el sida, se habló de las causas de contagio. Una de ellas —y de la que más se habló— fue de las jeringuillas compartidas por las personas drogadictas para inyectarse la heroína. Bastaba que uno de ellos sufriera del Síndrome de Inmuno Deficiencia Adquirida (SIDA) para que se contagiara el otro. Luego, se achacó también a las relaciones íntimas entre homosexuales. Estas dos causas de contagio provocaron que la nueva y terrible enfermedad quedara constreñida a sólo dos sectores de la población, los homosexuales y los drogadictos, hasta que pronto se vio que el sida también se transmitía a través de las relaciones sexuales de los heterosexuales, con lo que ya no quedaba a salvo ningún sector, excepto el de los niños. Desgraciadamente, luego se vería que muchos niños nacían con sida, terrible herencia de una madre afectada por la enfermedad.

El caso es que durante mucho tiempo las jeringuillas se convirtieron en protagonistas de la enfermedad por su capacidad para extenderla, y por todas partes se exhortó a las personas presas en la drogadicción a que usaran jeringuillas desechables, con tanta profusión en todos los medios, que llegamos a sufrir el espejismo de que las jeringuillas desechables eran ese tipo de productos que compran los drogadictos para evitar el sida. Me contó un amigo que, a su vez, tenía un amigo diabético que necesitaba inyectarse insulina un par de veces al día, y que, cuando entraba en la farmacia y pedía un paquete de jeringuillas desechables, sentía en ocasiones la mirada severa de algún cliente sopesando si se encontraba ante un adicto a la heroína.

Muchos años antes, hasta bien entrados los años sesenta, cuando nadie sabía nada del sida, las agujas hipodérmicas eran reutilizadas, tras hervirlas en agua caliente. Venía a casa el practicante, sacaba un estuche metálico reluciente, del tamaño de media petaca, y allí dentro estaban las agujas y la cápsula de bombeo. La misma tapa del estuche servía de hornillo, en el que se colocaba una pequeña cantidad de alcohol a la que se prendía fuego. Encima de esta tapa se colocaba la otra con las agujas dentro, cubiertas por una película de agua, sobre un recipiente. En seguida el agua hervía por efecto de las llamas del alcohol, y se esperaba un tiempo prudencial para que el agua hirviendo matase todos los virus que hubiesen podido adherirse a la aguja, cuando fue usada en otro paciente. Se suponía que ningún virus era capaz de resistir los 100 grados centígrados, que es, como todo el mundo sabe, la temperatura a la que hierve el agua.

Bueno, pues hay virus que, efectivamente, no resisten esa temperatura, pero no es el caso del virus de la hepatitis B, que soporta los cien grados sin inmutarse y se adhiere al nuevo espacio biológico encontrado, de tal manera que a un enfermo se le curaba de una afección, merced a las dosis de los inyectables, y, a la vez, se le estaba contagiando de una nueva: la hepatitis B.

Tengo una salud normal. Quiero decir que no puedo presumir de eso que llaman «una salud de hierro», pero tampoco soy una persona débil que haya necesitado cuidados especiales, ni mucho menos. Es cierto que me han dado mucho miedo los catarros, las gripes, debido a mi profesión, y que todo lo que tenía que ver con los bronquios, las amígdalas, la garganta, la tráquea, es decir, aquello que tuviera relación con las cuerdas vocales, me asustaba y tomaba mis precauciones, pero nadie se libra de un catarro, de una gripe, y alguna vez me inyectaron. Precisamente con una de esas agujas hipodérmicas que se hervían en agua caliente, pensando que tras ese previsor cocimiento ya estaban esterilizadas. Como miles de españoles, fui una de las víctimas de haber nacido antes de la etapa en que la sanidad decidió emplear las agujas desechables, un procedimiento más caro, por supuesto, pero absolutamente seguro para evitar la transmisión de enfermedades contagiosas.

Si en aquellos años era muy conocido el eslogan del NO-DO, «el mundo al alcance de todos los españoles», en lo que a la sanidad se refiere la hepatitis B también estaba al alcance de cualquier español que tuviera la desgracia de recibir una inyección con una aguja que, previamente, hubiese topado con un paciente afectado por esta enfermedad. Yo fui uno de ellos. Como tantos otros. Sin saber que, pasado el tiempo, aquel virus me llevaría al borde de un precipicio del que hubo un momento en que quise dejarme caer.

V

EL VIRUS AGAZAPADO

Que en tu cuerpo haya anidado el virus no significa que contraigas la enfermedad al día siguiente. Incluso te puedes llegar a morir de otra cosa. El virus puede estar ahí agazapado, durante años y años, y no mostrarse nunca, o aparecer de repente, despertarse un día combinado con otras cosas, todo esto según me explica Vicente Estrada. No sé si este tipo de conversaciones que tengo con él me tranquilizan o me desasosiegan. En el fondo, intento buscar una explicación lógica a lo que me ha pasado, quizá olvidando que las enfermedades escapan a la lógica. ¿Tiene lógica que un niño de cinco años, que apenas ha entrevisto lo que es la vida, padezca un cáncer? Pero quiero saber lo que ha ocurrido, porque en el fondo, todo enfermo siente en algún instante una especie de sentimiento de culpa, algo que se desarrolla por dentro y que nos hace preguntarnos «¿qué he hecho yo mal, en qué he fallado?».

En cuanto a las costumbres sociales se refiere, soy un tipo aburrido. No trasnocho, no suelo acudir a fiestas mundanas, no fumo, me voy al hotel en cuanto termina la actuación, vamos, un compañero de juergas soso, o más bien inexistente, porque no participo en eso que se llaman juergas. ¿No bebo? De eso hablaremos más adelante.

El caso es que el virus estaba ahí, sin yo saberlo, y mis dolencias, además de los catarros, eran las habituales. Molestias en las rodillas, revisiones periódicas y, hace unos diez años, una acumulación de kilos que no correspondía con mis comidas, porque tampoco soy un comilón. Fue entonces cuando se detectó una insuficiencia tiroidea, muy discreta, pero suficiente como para retener líquidos. Para contrarrestar esas hormonas tiroideas perezosas, hipotiroidismo o algo así, mi médico me recetó una hormona, la levotiroxina, con la que perdí en seguida de quince a veinte kilos. Es decir, tenía una hepatitis que había comenzado a desarrollarse de manera callada, tan callada que no se había detectado, y una insuficiencia tiroidea. Sin embargo, a pesar de que alguna vez notaba los pies demasiado hinchados, no tenía conciencia de estar enfermo y cogía un avión y me iba a México o a Nueva York o a Buenos Aires, y cumplía con mis compromisos.

Otro «pecado» había cometido, también de manera involuntaria. Hace más de veinte años, antes de ponerme en manos del doctor Vicente Estrada, estaba en manos de otro médico de cuyo nombre no quiero acordarme.

El enemigo de un cantante es perder la voz, como el mayor peligro para un pianista sería la artrosis en los dedos, o una lesión de rodilla para un futbolista. Aquel médico se curaba en salud, pero en «mi» salud, y cada vez que sentía un ligero carraspeo, o una leve molestia de garganta, por cualquiera de esos motivos, me recetaba cortisona. La cortisona, a la larga, según me han explicado, y de no ser para efectos muy concretos, pierde su capacidad de actuar sobre el organismo. Un día, en Las Vegas, después de tomar cortisona, me puse muy enfermo. Y nunca más volví a tomar. Pero a pesar de abandonarla, me había dejado un pequeño «regalo»: una úlcera gástrica aguda. Gracias a esa úlcera conozco al doctor Vicente Estrada, que ordena una gastroscopia y una endoscopia y trata la úlcera de una forma convencional, neutralizándola.

El virus sigue agazapado. Bueno, de vez en cuando, en los chequeos, estaban muy altas las transaminasas y me preguntaban si yo bebía. Y yo decía que no, con toda naturalidad. Porque ¿qué es beber?

VI

EL MINIBAR Y LA SOLEDAD

Ya he dicho que, cuando termina mi actuación, me cambio de ropa y me marcho al hotel. La mayoría de los actores, de las actrices, muchos artistas, después de la tensión que lleva consigo cualquier tipo de aparición sobre un escenario, necesitan reunirse con otras personas, sean o no de la profesión, visitar un establecimiento público, charlar, establecer una especie de puente antes de marcharse a casa. Y lo comprendo. Es más, como las actuaciones suelen ser en horarios nocturnos, esa reunión, ese cambio de impresiones, sólo puede llevarse a cabo en establecimientos que están abiertos hasta altas horas de la noche o de la madrugada, lo que confiere al gremio artístico una aureola de bohemia que en la mayoría de los casos es injusta. También hay honestos fontaneros que se toman una cerveza con el compañero, con su ayudante o con su jefe, al término de la jornada, antes de retirarse a sus casas, pero pueden satisfacer esa reunión amistosa en bares y cafeterías convencionales, porque sus horarios son también convencionales. Los artistas no. Cuando terminan de trabajar, los establecimientos convencionales ya están cerrados y tiene que acudir a pubs, a discotecas, a locales nocturnos.

Yo pertenezco al gremio del fontanero que acaba su trabajo y se marcha a casa. Es decir, no acudo a ninguna cita, no me reúno con los músicos, no voy a cenar a algún sitio pintoresco, sino que me encuadro dentro de esos artistas que, al terminar su trabajo, se van al hotel.

Los hoteles están muy bien, el personal es muy atento, no pasas ni frío ni calor, hay un eficaz servicio de habitaciones, no te falta ninguna comodidad, pero... cuando te metes en el ascensor, y caminas por la moqueta del pasillo y llegas a tu habitación, sabes que dentro no existe ni un perro que mueva el rabo, ni una cara familiar que te pregunte con sonrisa de bienvenida qué tal te ha ido. Está el teléfono, claro. Y los mensajes. Pero no ves a las personas que quieres.

Después de las actuaciones me marcho al hotel, porque acabo rendido. Cuando trabajo llevo a cabo todo lo que sé hacer, y cada canción para mí representa la primera y la última, o sea, que me entrego a ella como si fuera lo último que van a recordar de la actuación y, a la vez, mi carta de presentación. Eso me sucede en todas y en cada una de ellas. He oído hablar de grandes actores que durante la representación, al meterse entre bastidores, pueden enterarse del resultado de unas carreras de caballos y volver a salir haciendo un personaje de Shakespeare o de Miller, pero eso es algo que no comprendo. Hay otros que no me comprenden a mí y a los que llama la atención que ponga el mismo entusiasmo en la trigésima segunda gira por México que en la primera, pero es algo que no tiene ningún mérito, que no me cuesta ningún esfuerzo, que surge de manera espontánea y que, aunque me lo propusiera, no lo puedo evitar. Necesito convencerles, necesito que reconozcan que me esfuerzo para ellos, necesito gustarles y necesito que me aplaudan. Y, tras conseguirlo, tras los saludos, tras las visitas al camerino, tras las firmas de autógrafos, tras alguna observación por algún detalle técnico con el encargado de sonido o con la orquesta, cuando ya me quedo libre, siento el cansancio del alpinista que ha subido y ha bajado de una cumbre muy alta. La idea de reunirme con otras personas para hablar de asuntos que a lo mejor no me interesan y tenerme que esforzar por estar amable, cuando ya me he esforzado todo lo que soy capaz de dar de sí, me produce una inmensa pereza. Es probable que alguna persona lo llame misantropía o soberbia, o egoísmo, pero para mí es un ejercicio de responsabilidad. Porque al día siguiente hay que volver a actuar. Y a esas personas que han acudido no les puedes decir: «Perdonen ustedes, pero es que ayer tuvimos un éxito tan rotundo que nos marchamos a celebrarlo, estuvimos bebiendo casi hasta la madrugada y, claro, no hemos descansado lo suficiente, así que no se extrañen si la orquesta suena un poco peor y mi voz no baja como tendría que bajar ni sube en los agudos como tendría que subir». Se podría organizar una gran bronca. Y, aun cuando no se tenga la osadía de decirlo, si de verdad se hiciera algo semejante supondría una estafa para el público de esa sesión.

Una vez, en México, participé en un concurso de paellas. Los concursantes éramos Mario Moreno, *Cantinflas*, Emilio Azcárraga, presidente de Televisa, Jacobo Zabludovsky, y yo. Quedó campeón Mario Moreno, pero debido a una marrullería, bueno, a un secreto que terminó contándonos, y es que se había hecho traer agua de España. Parece que el agua de México tiene un grado de acidez que no hace buena amistad con el arroz y a él no se le ocurrió otra cosa que pedir que le trajeran agua de España en avión. A lo mejor no fue por eso, pero el premio fue para él y, claro, todos tuvimos que probar las otras paellas. Y comí demasiado. Excesivamente. Tanto que cuando llegué al teatro y, en solitario, un par de horas antes de que se diera la entrada, comencé a hacer pruebas con la voz, me di cuenta de que no estaba en condiciones de actuar.

Se levantó el telón, salí al escenario, y me puse a cantar y nadie decía nada, pero yo me daba cuenta de que no estaba en condiciones. El público, muy correcto, no protestaba y aplaudía, no diré que con entusiasmo, pero aplaudía. Lo que ocurrió es que ellos parece que lo podían soportar, pero yo no, así que tras terminar una canción decidí sincerarme y les dije que ellos no se merecían la actuación que estaba llevando a cabo. Les conté que había participado en un concurso de paellas, que había comido en exceso y que había sido un mal profesional. Les pedí disculpas y que me dieran diez minutos, que volvería a salir, como si el espectáculo comenzara de nuevo. Me dieron una gran ovación y la oportunidad de volver a empezar. Recuperé la voz y fue una actuación que no se me olvida, como tampoco se me olvidó nunca que el primer deber que tiene un artista después de terminar su trabajo es presentarse en perfectas condiciones a la siguiente función.

Esta manera de actuar un poco germánica no significa que sea un perfeccionista, o puede que sí, no lo sé, pero para mí entra dentro de lo normal que, si tengo una actuación a las ocho de la tarde, acuda al teatro a las cuatro, y si la actuación es a las nueve de la noche, me encuentre en el camerino a las cinco de la tarde. Cuatro horas antes. Puede parecer demasiado, pero yo aprovecho para visitar el escenario, solo, cuando no han llegado ni siquiera los músicos y, luego, más adelante, para limar algún detalle con el sonido, con la orquesta, vestirme con tranquilidad... A mí no se me hacen largas esas cuatro horas y me parecen normales. Lo que no fue normal fue lo de las paellas.

Pero nos habíamos quedado en el hotel, en ese momento en que ya se ha desvanecido todo y te encuentras solo en la habitación. Se trata de una soledad profesional, exigida por mí mismo, porque podría tener compañía, por supuesto, pero el tipo de compañía que yo ansío es mi familia, mis amigos, a los que no puedo exigir, claro, que estén hoy en Venezuela y la semana siguiente en Chile o en Rusia o en Japón.

En los hoteles está el servicio de habitaciones, por supuesto, pero hay un invento maléfico, un invento terrible, un invento maldito. Es un mueble inocente a cuya primera aparición en las habitaciones de los hoteles he asistido. Está ahí, disimulado, como un pequeño armario, pintado con el barniz de los muebles de la habitación, ocultando su carácter de nevera, como si se tratara de algo vergonzante. Se llama minibar y permite prescindir del servicio de habitaciones para procurarte esa agua mineral que te acompaña por la noche o esa copa que te puedes tomar sin necesidad de pedírsela a nadie. El minibar. Un maldito invento que me hizo demasiada compañía. La soledad y el minibar forman una pareja demasiado bien avenida. Tanto que puede resultar peligrosa. Lo fue para mí.

Está allí, bajo el mueble que sostiene el televisor o bajo el escritorio, o en el saloncito, pequeño, funcional, con su par de botellas de agua mineral, su par de botellines de ginebra, vodka y whisky, cerveza, etcétera. Y su hielo. Y sus refrescos. Y estás solo. Y el último recuerdo que tienes es una gran ovación, y que has salido a saludar varias veces, y estás contento, estás feliz y desearías celebrarlo. Pero no tienes a nadie con quien celebrarlo. Te han invitado a esta y aquella casa, a una *party*, a una reunión, y has dicho que no cortésmente, porque eso supone trasnochar, quizá beber un par de copas, que no debes tomar. Te has mantenido inflexible, como siempre, y has regresado al hotel a descansar. Por supuesto que la ovación es el mejor premio, pero te gustaría darte un premio especial, aunque sea aquí en la soledad de tu habitación. Y te preparas una naranjada con vodka. Una, nada más. Pero en realidad es la segunda, porque al terminar la actuación tu representante se ha ocupado de que hubiera una naranjada con vodka en el camerino, puesto que te alivia, te refresca, y es ya casi una asociación maquinal al éxito. Y no sólo alivia la sequedad de la boca y refresca, sino que alegra. Alegra, sí. Produce una euforia que se añade a la alegría y a la euforia que causan los aplausos, con lo que cuando la euforia comienza a desvanecerse, y el sentimiento de la soledad se apodera, y estás en el hotel, y te sientes merecedor de un premio, como no hay nadie que te lo proporcione te lo das tú mismo con esa naranjada con vodka, la segunda del día, que te permite acostarte en paz y contento.

Pero eso no era bueno para mí, porque la hepatitis ya había comenzado a ponerse en marcha y yo, de manera inconsciente, le estaba proporcionando gasolina para que su motor acelerara el proceso.

Porque se empieza con poca gasolina, apenas con dos pequeños vodkas de minibar, pero luego nunca es bastante. Y eso no puede ser.

VII

NO ESTÁ EN MI GUIÓN

La primera vez que me hablaron de la posibilidad de un trasplante me negué rotundamente. Eso no estaba en mi guión. Eso no formaba parte de mi proyecto de vida y yo no quería pasar por esa prueba que se me antojaba completamente anormal. Nunca sabes para lo que estás preparado, pero yo no estaba preparado para eso. Es posible que estuviera preparado para afrontar un cáncer, un tumor, y que me dijeran que me quedaban seis meses de vida, no lo sé. Casi nunca sabemos nada. En realidad, nos pasamos la vida afrontando situaciones nuevas para las que nadie nos ha preparado, ni nos ha dado un cursillo, ni hemos asistido a unas clases preparatorias. Un día estamos enamorados y nadie nos ha explicado qué es eso. Otro día, somos el marido de una mujer a la que amamos, pero antes no habíamos sido maridos de nadie.

Sin saber cómo —o sí sabiendo cómo pero experimentándolo por primera vez—, resulta que eres padre de una criatura muy pequeña y muy frágil, y antes de esa primera vez no habías hecho ejercicios de padre en ninguna academia.

Me sonó tan estrambótico eso de que mi hígado fuera sustituido por otro que me encerré en la negativa y llevé a cabo una especie de inventario, como si en lugar de hablarme de una posibilidad esperanzadora, me hubiesen comunicado la pena de muerte. Está bien. Hasta aquí hemos llegado. Ni siquiera me van a dejar cumplir los sesenta años, pero qué le vamos a hacer. Y comencé a hacer un repaso de mi familia, de lo más importante de mi vida y de mi carrera profesional, y de ambas estaba orgulloso. No me podía quejar de lo que me habían dado: el amor de una mujer como Natalia y de mis hijos, el reconocimiento en muchos países, el cariño de un público que se renovaba cada cierto número de años. Bueno. Todos los trenes llegan a la estación término y el mío parecía que estaba a punto de llegar a su destino.

No quiero engañar a nadie. Lo cuento ahora con serenidad, pero yo no estaba sereno. Yo aparecía muy tranquilo delante de la familia, muy serio, muy empecinado, pero lloraba en el cuarto de baño delante del espejo. Lo hacía porque para mí era consolador, pues al verme me sentía algo acompañado en mi angustiosa desolación. No estaba tan solo. Estaba conmigo mismo al otro lado del espejo. Lloraba porque me parecía injusto, porque siempre nos parece injusto que nos digan que el avión de la vida va a tomar tierra en el último aeropuerto.

Y por más que me insistían y me argumentaban, yo me encerré en que aquello no estaba en mi guión.

Pasado el tiempo, a la hora de poner en orden esta especie de confesiones, he intentado buscar explicaciones a un empecinamiento tan rotundo, tan irracional y creo que tenía su lógica interna de persona luchadora y romántica. Hubiera estado en mi guión morir con las botas puestas, sobre el escenario, un día cualquiera, aunque fuera temprano, porque estas cosas siempre resultan tempranas. De hecho, lo he proclamado durante toda mi carrera: que, de morir, me gustaría hacerlo en escena o cerca de ella. Podía estar en el guión un accidente aéreo, un terremoto en México o una de esas enfermedades letales, pero cotidianas de tanto repetirse. Sin embargo, eso de trasplantarme un órgano me sonaba a esperpento, a tragicomedia, porque yo creía que eso no podría salir bien y entonces moriría intentado desesperadamente, a través de un medio infrecuente, salvar la vida. No, yo no era así, yo no había trabajado toda la vida para eso. No estaba en mi guión.

Y lo repetía, y cortaba cualquier intento de hacerme razonar: «No está en mi guión».

¿Cómo me encontraba? Enfadado y triste. Enfadado no con los demás, sino un poco conmigo mismo y con la suerte que me daba la espalda, cuando yo siempre había sido un hombre de suerte y preso de esa extraña serenidad que me hacía recapitular con lucidez sobre lo que había sido mi vida hasta entonces. Y dolido. Muy dolido.

Celebramos esa Nochebuena en casa. La más triste de mi vida. A mí se me venía ya el mundo encima. Ya me empezaba a temer lo peor. Aun así, en las proximidades de Año Nuevo le pido permiso a Vicente para irme a celebrar la despedida de año a Canarias con Natalia, Manuel, Jacobo y Toni, su mujer.

Me siento bien. La verdad es que estar con la familia es para mí el mejor reconstituyente. Incluso hay fotos de esos días en los que no parece que me encuentre tan mal. Al regreso comimos en un restaurante, al aire libre, pero una vez dentro del avión comencé a sentirme muy mal. Tuve que ir al lavabo, y regresé al asiento consciente de que no iba a poder superar aquello. Porque yo siempre esperaba que lo superaría. Como otras veces. Un poco de cortisona y prueba superada. Un poco de Seguril y otra vez como nuevo. Una extracción del abdomen de diez o doce litros y ¡hala!, a cantar de nuevo. Pero esta vez yo ya sabía que no era así, que lo que me estaba sucediendo no tenía la solución rápida y eficaz de otros problemas.

Una de las posibles complicaciones de la cirrosis es la hemorragia digestiva por hipertensión portal. Eso es muy grave y uno se puede morir en una de esas hemorragias. Comencé, pues, el año salvando la vida por los pelos de vuelta de Canarias y allí comenzó un periodo terrible del que hablaré después y en el que se me comienza a insinuar algo que «no está en mi guión».

Pasadas las Navidades, una tarde, vino a verme Pedro Ruiz. Venía muchas veces. Tenemos una gran amistad desde hace muchos años. Nos conocimos en Barcelona cuando yo estaba soltero. Vivió después en la misma urbanización que nosotros y, luego, se marchó a otra muy cercana, lo cual ha favorecido un trato muy frecuente. Yo estaba en la terraza frente a la piscina, y en un ángulo en el que el seto era más alto para evitar ser tomado por los fotógrafos, porque mi enfermedad ya había trascendido y en la puerta de casa había un montón de fotógrafos. Estaba allí, arrebujado en una manta, puede que haciendo balance por enésima vez, y se acercó Pedro. Creo que había estado hablando con Natalia, mejor dicho, estoy completamente seguro, y era evidente que Natalia le habría puesto al corriente de mi terquedad. Pedro es muy listo y no atacó de buenas a primeras, porque si lo hubiera hecho todavía me habría encerrado más en mi negativa; lo que hizo fue comenzar la conversación sobre otros asuntos que no recuerdo. El sol se iba despidiendo. El crepúsculo tiene algo de doliente. Al fin y al cabo, es el mismo tipo de luz que la de la mañana, pero el amanecer tiene todo el día por delante, mientras que lo que tiene por delante el crepúsculo es la noche. Pedro es muy listo, pero temía que en cualquier momento me fuera a levantar y me metiera dentro de casa, con lo que las perspectivas de una conversación íntima entre los dos quedaban suprimidas. Intentó suavemente abordar la necesidad de que accediera a un trasplante para poder recuperarme, y yo le contestaba que eso no estaba en mi guión. Él aportaba sus razones y yo las mías, sin que ninguno de los dos se atreviese a afrontar la cruda realidad hasta ese momento, como si se tratara del dilema entre hacer un viaje en tren o en automóvil, si pasar las vacaciones en un lugar o en otro. No quiero decir que hubiera ningún tipo de frivolidad en la conversación, no. Lo que ocurría es que ni yo le decía: «Prefiero morirme como estoy a intentar esa aventura», ni él se atrevía a soltarme con toda rudeza: «O tomas esa decisión o te mueres». Y no era por falta de confianza —que la tenemos—, sino porque el momento era muy delicado.

En un instante, intentando aplazar la decisión, más bien con el temor a que me convenciera, y casi pidiendo una pausa, le dije algo así: «Bueno, al año que viene, si esto sigue así, me lo planteo». Y fue entonces cuando Pedro, con toda crudeza, me imagino que doliéndole en el fondo, pero sobreponiendo a ello su deber de amigo, dijo: «Es que no tienes un año».

Habíamos estado jugando al póquer de farol, y, de repente, había que enseñar las cartas y él sabía, y yo sabía, que las mías no eran muy buenas. Fue una de esas tardes terribles que siempre se recuerdan, de esas que no se olvidan, y se queda grabado todo, el tono de voz con el que te hablan, el sol bajando tras el seto, el agua de la piscina oscureciéndose y, como observador, uno mismo, alguien que no sabe si se está despidiendo como el sol, o va a intentar una extraña pirueta para decir un simple hasta luego.

VIII

CAMBIO DE RUMBO

Releo un poco lo que acabo de contar, y puede dar la impresión de que soy una de esas personas que dicen «¡jamás!» y cambian de opinión al minuto siguiente. Creo que no es así. En situaciones normales puede que me cueste tomar una decisión, pero cuando la tomo es firme. Pero estamos hablando de situaciones que no son normales y que conllevan tensiones inesperadas y reacciones imprevistas. Se me explica que, aparte del trasplante de hígado completo, existe la posibilidad del trasplante de «donante vivo»: encontrar a un miembro de mi familia compatible conmigo y dispuesto a donarme un «lóbulo» (un «trozo», para entendernos) de su hígado. Este lóbulo se regenera de forma asombrosa en el donante, y cura el hígado enfermo del receptor.

Así que del «no está en mi guión» pasamos a la búsqueda de un donante, entre mi propia familia. Antes de nada, Natalia y los chicos preguntaron «¿dónde está el mejor especialista, adónde hay que ir?, pero el Dr. Vicente Estrada y yo éramos y somos de la opinión de que aquí en España existen profesionales de la medicina y cirujanos tan buenos o mejores que los que puedan existir en Estados Unidos. Me reafirmo en ello, y no porque haya salido bien librado, sino porque es algo que se hace evidente en las conversaciones con las personas del medio, con los médicos. Tenemos la suerte de que en España haya un nivel sanitario excelente en todos los aspectos, desde la enfermería hasta las cirugías más sofisticadas y, por lo oído, no hay provincia española donde no destaquen eso que en el lenguaje coloquial llamamos «manitas» en media docena de especialidades. Se trata de una convicción evidente, porque cuando te estás jugando la vida no te pones patriótico. Yo coincidía con Vicente en que si me iban a intervenir, que fuera en España. Puede que fuera la penúltima decisión, porque una vez que acepté que había que reescribir «mi guión», quedaba un mucho al cuidado de los demás, sobre todo porque volvían a repetirse una serie de ataques que me dejaban en precoma. Fueron siete, según me enumera Vicente, y parece que de tres clases distintas. Una, la hemorragia digestiva por hipertensión portal. Dos, la alcalosis metabólica por culpa de los diuréticos. Tres, la encefalopatía hepática.

Puesto que en cada una de las encefalopatías perdía el conocimiento, iba transitando por todas ellas como si se tratara de un catarro que se cura y en el que se recae, con la sensible diferencia de que podía haber muerto en cualquiera. La solución parecía sencilla: enemas, irrigaciones, evitando la absorción, dieta con pocas proteínas, suero... y a casa. A casa hasta la próxima vez, que se producía pocos días más tarde, en una de las ocasiones por haber tomado una simple pastilla de Orfidal. Fue entonces cuando me di cuenta en serio de que iba a ser muy difícil salir de aquello, que esta vez no se trataba de una extracción de líquidos y ya está, sino que era imposible que hiciera vida normal porque me pasaba mucho más tiempo hospitalizado que en casa. A ello se unía otra circunstancia que era más molesta para mis amigos y para mi familia que para mí, y fue la hilera de fotógrafos y de cámaras a las puertas de la clínica intentando entrevistar a los que venían a verme. O estaban en la puerta de la clínica o estaban en la puerta de mi casa. A veces, en casa, cruzaban un coche para impedir que el que fuera a entrar o salir lo pudiera hacer con rapidez, y así tener tiempo para grabar y fotografiar. Los médicos y el personal se esforzaban todo lo posible para que la ambulancia entrara por un sitio inesperado y cosas así, pero al margen del cerco informativo había otro elemento objetivo: mi vida era un continuo ir y venir.

Así que, bajo la dirección del Dr. Estrada, decidimos buscar una fórmula para evitar aquel ir de aquí para allá que, por otra parte, resultaba arriesgado, e instalamos un cuarto hospitalario en casa. ¿Qué es lo que tenía en el hospital? Oxígeno, suero, y un personal especializado para vigilar el gotero u observar cualquier anomalía. Así que se acondicionó mi habitación en el piso de arriba de mi casa, que al final no se diferenciaba demasiado de la de una clínica, y me cuidaron dos personas admirables: Sonia Santos y Justo Moreno. Me cuidaban, me vigilaban, me soportaban. Pobrecillos, ¡cuánto tuvieron que soportarme! Aquello supuso una mejora... dentro de la gravedad. Emplear el término «mejora» en la situación en la que me encontraba, preso en mi casa, parece un contrasentido, pero es que en el transcurso de una enfermedad cualquier situación que sea menos mala que la de ayer se supone que es un progreso, aunque si miras dos meses hacia atrás encuentras a una persona que viaja y actúa y trabaja, aunque sea con algunas molestias.

No volvieron las encefalopatías, gracias a los cuidados de los enfermeros y a enemas diarios a las siete de la mañana. El acondicionamiento de mi habitación me dio cierto grado de tranquilidad. El caso es que ya no teníamos que salir de madrugada o al mediodía en una ambulancia, y había roto la cadena que esclavizaba a Natalia. Porque en aquella etapa, cuando no sabía si el ataque se iba a repetir al día siguiente, a la semana próxima o a las dos horas, yo estaba tan asustado que le pedía a Natalia que no me dejara solo. Estaba convencido, o me lo había imaginado, que si Natalia se marchaba de mi lado, si se iba a hacer alguna gestión, a la vuelta me iba a encontrar muerto. Y Natalia estuvo valiente, dejándose esclavizar, hasta que Justo y Sonia la relevaron. ¿Era una intuición mía o figuraciones de enfermo? Dicen que los enfermos nos volvemos muy egoístas, y es verdad, porque cuando nos encontramos con las fuerzas disminuidas lo único que nos preocupa es volver a recuperarlas, pero creo que la compañía de Natalia, saber que estaba en el piso de abajo, o en el de arriba, o que iba a entrar en el estudio, me producía una seguridad que quizá repercutiera también en lo fisiológico. ¿Cómo le llaman los médicos? Somatizar. Eso es somatizar. Una preocupación de cualquier tipo, una angustia, una ansiedad, un disgusto, se somatiza, y de ahí puede derivarse una úlcera gástrica o un colon irritable. Si eso funciona en lo negativo, creo que también funcionará en lo positivo y que estar atendido, sentirse querido, estar rodeado de afecto también será susceptible de somatizarse, digo yo, porque si actúa en un sentido, ¿por qué no va a actuar en el contrario?

El caso es que estar en casa, saber que cualquier tipo de atención urgente se me podría aplicar o que Vicente podría acudir en cualquier momento, estar con los míos, contribuyó a mi tranquilidad y a que no se repitieran episodios tan terribles como el día que enloquecí y pegué a una enfermera.

IX

EL DÍA QUE PEGUÉ A UNA ENFERMERA

Creo que pertenezco a ese tipo de personas que ven que una hormiga se va a introducir en la parte de tierra en que se apoya la suela del zapato y levanta el pie para no hacerle daño al animalito. Y no me imagino quitándome la chaqueta y liándome a golpes en una discusión de tráfico ni en ningún otro lugar. Ni siquiera excitando mi imaginación al máximo puedo representarme en una situación así. Y, sin embargo, un día le pegué a una enfermera. Eso me contaron, claro, porque yo no lo recuerdo.

Me han explicado que esto de la encefalopatía hepática se debe a la llamada presión portal. Esa presión se produce porque la circulación sanguínea se desvía y no irriga el hígado. Cuando el hígado no puede metabolizar ni destoxificar apropiadamente las sustancias en el cuerpo, se presenta la acumulación de esas sustancias tóxicas en el torrente sanguíneo. Una sustancia que se cree que es particularmente tóxica para el sistema nervioso central es el amoniaco, aunque no es la única. Muchas otras sustancias también se acumulan en el cuerpo y contribuyen a dañar el sistema nervioso, y ese incremento es el responsable de la ascitis, el líquido que aparece en el peritoneo. Y la encefalopatía surge porque el colon absorbe el amoniaco.

Y una noche padecí un ataque, que en francés casi suena agradable, *la folie hepatique,* y que no es otra cosa que un ataque de locura hepática. Me volví loco. Grité, dije que me marchaba, tiré el gotero, pegué a una enfermera que se me acercó, lo intenté con todas las personas que me intentaron sujetar. Me volví un loco violento. No recuerdo absolutamente nada. Me lo creo porque Vicente no iba a mentirme, pero si esto hubiese ocurrido en un sitio rodeado de personas desconocidas y, luego, me hubieran narrado lo que había hecho, no me lo habría creído.

Es tremenda la locura, incluso la locura pasajera. Como si el cerebro se lo apoderara otra persona y luego te lo volviera a dejar con su conciencia impecable, como si no lo hubiera usado. Pido perdón desde aquí a los que soportaron la locura de aquella noche de la que no me queda absolutamente nada en la memoria.

En cambio, no se me olvidarán aquellas otras noches, aquellas noches largas, tremendas, esperando el milagro de un trasplante.

X

AQUELLAS NOCHES OSCURAS...

Comprendo muy bien a quienes padecen insomnio. Cuando no has padecido insomnio y alguien te comenta que no puede dormir por las noches, te parece una molestia de escasa entidad. Las personas que no han padecido de insomnio creen que el sueño siempre termina por llegar, y llega, claro, pero suele venir cuando se inicia el día y comienza la jornada y la mayoría de la gente tiene que ir a trabajar.

Pero eso no es lo peor. Quiero decir que, mal que bien, con pesadez de cabeza, con molestias, con cansancio, se puede uno ir arrastrando todo el día, pero lo peor es el temor a que llegue la noche.

Aunque a tu lado se encuentre una persona a la que quieres, en la noche estás solo, solo como en una isla desierta, porque esa persona está durmiendo. Y no sería lógico que la despertaras para decirle que tú no puedes dormir. Sería tan egoísta que casi resultaría cómico. Incluso recuerdo un sketch donde la mujer despierta al marido porque no puede dormirse, el marido se desvela, y al poco, la mujer duerme profundamente, mientras el hombre ya no puede conciliar el sueño.

Sin embargo, lo que cuento no es nada divertido. Digo que estás solo porque precisamente los demás descansan, y eres consciente de tu rareza, de la singularidad que te aparta de los demás. Saberte peculiar no te hace feliz, porque lo que desearías es formar parte del colectivo de personas normales que duermen por las noches, ser lo más vulgar del mundo y poder dormir como cualquiera. Y no puedes. Eres un ser extraordinario, raro, que vela mientras los demás descansan. Y comienzan a visitarte los fantasmas, no los de la sábana de las historietas, sino los que albergamos en el cerebro, que están ahí y que, como buenos fantasmas, salen por la noche. Si estás con otras personas charlando no vienen, por muy tarde que sea. Y si estás durmiendo, tampoco. Pero en cuanto notan que los demás se han entregado a sus sueños y tú estas despierto, te rodean por todas partes.

La noche es muy deprimente. Hay un fantasma que te dice que tú no le importas a los demás, y la prueba de ello es que se han ido a dormir y te han dejado solo.

Es un razonamiento absurdo, pero el fantasma es muy persuasivo, muy constante, y te rodea y te repite, y puede llegar a entristecerte, aunque no resista un juicio lógico y racional. Pero es que por la noche casi nada es lógico y racional.

Hay otro fantasma, también muy peligroso, que no comprende qué haces en este mundo, por qué te empeñas en seguir viviendo, y te invita a que abandones un combate que no vas a ganar. Este fantasma no te lo dice de manera brutal, de sopetón, no. Te lo insinúa, se marcha, regresa, te lo vuelve a insinuar, de manera muy suave, casi delicada, cauteloso, y se desvanece en cuanto le plantas cara, no tiene prisa y sabe que la noche es larga, muy larga…

Está, también, el fantasma pesimista que hace trizas cualquier esperanza. Es el que demuestra o intenta demostrarte que cada vez estás peor, que no mejoras nada. Y el desconfiado, que parece que te inyecta desconfianza en la sangre, y te sugiere que posiblemente te estén engañando, te estén mintiendo TODOS. Hay una especie de complot, formado por la familia y los médicos, que no te quieren decir la verdad, que te la ocultan y te engatusan con diagnósticos, y te embarullan con esperanzas tan falsas como su actuación.

Los fantasmas van y vienen, desaparecen, tornan, y, como los vampiros de las leyendas, se desvanecen con las primeras luces del día. Porque cuando viene la luz sabes que te quieren, que te acompañan, que no te dejan solo, que no te engañan, y que merece la pena luchar.

Hasta la noche siguiente.

Llega un instante en que ya no le temes al insomnio, le temes a la noche misma, porque sabes que la noche va a venir con el insomnio del brazo, y, con él, los fantasmas.

Creo que la persona más poderosa y más llena de salud se siente frágil en una noche de insomnio. Y yo no era poderoso, no tenía salud y estaba muy enfermo. Los fantasmas lo saben, claro, porque son muy listos, y se muestran más activos con los enfermos. Si a una persona sana le amargan la noche con sus trucos y sus insidias, a un enfermo lo machacan, intentan triturarlo por todos los medios. Si la noche durara tres o cuatro horas más, si el día se retrasara, yo creo que los fantasmas lograrían aniquilar a los insomnes.

En mi caso, además, tenía otra compañía ingrata: los picores. Picores terribles, por todo el cuerpo, producidos por un tremendo aumento de la bilirrubina, que tenían el mismo horario que los fantasmas y participaban del mismo programa.

He oído hablar de torturas muy crueles, y creo que aquello se podía considerar una tortura. Picores por todo el cuerpo, una comezón que impedía hacer cualquier otra cosa. Creo que hasta llegaba a interrumpir el trabajo de los fantasmas. Cuando ya no podía resistir más, y puesto que no se me permitía ninguna medicación, me llenaba la bañera de agua caliente y me introducía allí y notaba cierto alivio. Pero, claro, tampoco podía pasarme toda la noche metido en la bañera. Salía. Y volvían los picores, un doloroso hormigueo, o sea, una tortura añadida.

Me iba a mi estudio. Mi estudio está en el sótano y siempre ha sido mi cuarto de trabajo y mi refugio. En las paredes, carteles de las películas, viejas fotografías, los discos de oro y de platino que vas coleccionando, un buen equipo de música, un piano, en un nivel más bajo, un saloncito en el que recibo a los amigos... En aquellas noches de desesperación subía al cuarto de baño, me introducía en la tina, salía, miraba el rostro terrible que me devolvía el espejo y bajaba a mi estudio. Aunque no entiendo de toros, creo que iba al estudio con la querencia con la que el animal busca amparo en la puerta de chiqueros. Había noches que me metía cuatro y cinco veces en la bañera, con el agua muy caliente, muy caliente, pero incluso ese remedio dejaba de ser efectivo, así que me ponía una bata y me bajaba al estudio.

Es curioso: no escucho mis discos. No puedo decir que sea una manía, ni siquiera una regla. Simplemente, no escucho mis discos. Me imagino que los novelistas tampoco se ponen a leer sus novelas. O canto, si tengo que hacerlo, o grabo. Pero es que cuando grabo, la que vale es la primera versión. Repito por si acaso, pero en la mayoría de los casos, la primera versión es la que se graba en el disco. Ésa es la que escucho cuando está montada y ya no la vuelvo a escuchar, excepto si la tengo que cantar con el público delante.

Bueno, pues rompí esa costumbre, y por las noches escuchaba mis canciones. Visto desde ahora, aunque no me abandonó nunca una punta de esperanza aun en los instantes más desesperados, aquello podría haber sido una forma de despedida, o un repaso final, como los ensayos generales, con luces y vestuario. Me encerraba en el estudio y ponía la música muy alta, ensordecedora. Oírse en las plantas de arriba no creo que se oyese mucho, pero debían de vibrar hasta los cimientos. Yo era un loco que salía de la bañera y bajaba a poner unos discos como si los tuvieran que escuchar en varios kilómetros a la redonda, o apagaba el equipo de sonido y subía a la bañera.

Aquellas noches...

Los días eran distintos. Los picores se desvanecían a las ocho de la mañana, como si hubieran cumplido un horario de reglamento, y yo adoptaba una compostura formal. Con los picores se marchaba también el loco de la bañera, el chiflado que ponía sus propias canciones a todo volumen como si se fuera a despedir de ellas.

Pero mientras era de día, incluso por la tarde, yo me convertía en una persona normal. Enferma, pero normal. Mis hijos se despedían hacia las nueve de la noche, respetaban mi privacidad, y en cuanto se iban, como si se tratara de un relevo, volvían los picores.

Comprendí que me encontraba mal, muy mal, muy desamparado, cuando me di cuenta de que estaba llamando a mi madre. Mi pobre madre había muerto ya hacía tiempo, y yo la llamaba, en esas noches largas y oscuras, porque ya no sabía dónde hallar auxilio, una ayuda para paliar los picores que me consumían la superficie de todo el cuerpo y para salir del estado de apocamiento.

¡Siempre me había recuperado en seguida! Una inyección y ¡hala!, al escenario. Y al otro día, viaje a otra ciudad y a otro escenario. Pero esta vez no era así, porque cuando a cierta edad, cerca de los sesenta, llamas a tu madre es que te encuentras de verdad muy desesperado.

Aquellas noches…

Quiero contar muchas cosas buenas, porque el objetivo de estas confesiones es lanzar un mensaje de optimismo a quienes se encuentren en espera de ese milagro que parece que no llega pero que acaba por suceder, pero no puedo pasar por alto aquellas noches oscuras y lóbregas donde parecía que el amanecer no llegaría nunca, que se iba a retrasar sin remedio Dios sabe hasta cuándo.

Creo que la negativa rotunda, casi automática, espontánea, que surgió de mí cuando me hablaron por primera vez de la posibilidad de publicar este libro se debía al horror de tener que rememorar aquellas noches tenebrosas, donde era imposible la paz y el alivio, el sosiego.

De niño, había oído exclamar a alguna persona mayor eso de «que no nos mande Dios todo lo que podemos soportar», y puede que me pareciera entonces una especie de frase hecha, de refrán, de fórmula tópica. Claro que cuando eres joven y saludable también observas con escepticismo eso de que lo más importante es la salud, y te parece otra frase hecha sobre la que pasas sin concederle ni importancia ni credibilidad. Pues bien, creo que en aquellas largas y terribles noches conocí la parte más miserable de la existencia, ese borde pegajoso al otro lado del cual ya sólo está la desesperación, esa última bengala de cualquier náufrago, y que soporté lo que jamás creí que se podía soportar.

Precisamente, aquellas noches son el acicate, el estímulo que me han convertido en una persona estricta y disciplinada con las reglas médicas, con las exigencias de conservar sano mi cuerpo. De la misma manera que una persona que ha conocido la opulencia cae en la miseria y, al salir de ella, se promete a sí mismo que nunca volverá a arrastrarse hasta allí, que luchará con todos sus medios para no volver a aquellos días indigentes, de esa misma forma lucho ahora para conservar la salud, para cuidarla en todos los aspectos, para no descuidarme, para no relajarme, para hacer honor al inmenso regalo recibido.

Y no fallo, porque estoy lleno de una alegría plena y total, y de unas ganas de vivir más intensas de las que nunca he sentido y que explicaré más adelante. Pero si algún día me temblara la voluntad, la decisión o el raciocinio, bastaría recordar un cuarto de hora de una de aquellas noches, uno solo, para que me volviera la cordura, se diluyeran las tentaciones, y se reafirmara mi propósito permanente de ser un muy digno beneficiario del trasplante.

XI

CONOZCO AL DR. ENRIQUE MORENO

En aquella situación, cada vez más desesperada, pasan dos hepatólogos que contradicen el tratamiento al que me había sometido el Dr. Estrada, y uno de ellos, al quitarme los enemas, me conduce a una de las siete encefalopatías por las que pasé. Puestos de acuerdo Vicente Estrada y Natalia, me hablan de la unidad de trasplantes del Hospital 12 de Octubre de Madrid, que dirige el profesor Enrique Moreno González, como uno de los grandes centros expertos en la materia a nivel mundial.

Cuando le conozco, me doy cuenta de que el Dr. Moreno es un médico lleno de tacto, de afectuosa delicadeza, que provoca sentirte seguro a su lado, como si nada malo pudiera suceder estando él allí. Creo que me entendió en seguida desde el punto de vista médico y desde el punto de vista personal. Conocía todos los antecedentes de mi enfermedad a través de mi historial y había estudiado la angiografía de las venas renales, de las suprahepáticas, el tamaño y el grosor de las venas.

En una de las numerosas exploraciones a las que me habían sometido, me habían pinchado el hígado con una aguja metida en un catéter. Con la muestra se llevó a cabo una biopsia que determinó el tipo de cirrosis que sufría: una mezcla explosiva y peligrosa que hacía necesario un trasplante como única solución a mi grave enfermedad.

El Dr. Moreno sabía exponerme las cosas sin agresividad, y así me volvió a explicar que además de entrar inmediatamente en lista de espera, existía la posibilidad de que uno de mis hijos accediese a donarme un lóbulo de su hígado, como si se tratara de una cosa sencilla, de algo rutinario que no tiene demasiada importancia. ¿No hay gente que toma el autobús todos los días? Pues ellos hacen trasplantes, no todos los días, pero casi todas las semanas, y lo planteaba sin frivolidad, pero sin hacerme sentir que iba a pasar por una prueba de vida o muerte, sin caer en la rutina, pero infiltrándome la convicción de que eso iba a salir bien.

Me parece muy importante la relación personal del enfermo y del médico. El sabio más grande del mundo, el cirujano más hábil, no será un buen médico si no se hace querer por el paciente, si no une a la admiración por sus dotes el afecto nacido de una relación que puede ser circunstancial, pasajera, pero que va más allá de la intimidad que se pueda tener en cualquier otra relación. El Dr. Estrada sabe cosas de mí que ignoran los amigos más íntimos. Y, ahora, el Dr. Moreno.

Semanas más tarde, cuando ocurriría el paso del Rubicón, cuando la moneda de mi vida se tiró al aire, sin saber si iba a salir cara o cruz, a mí me tranquilizó ver, a los pies de la camilla, el rostro afable, seguro y profesional de Enrique Moreno.

XII

EN BUSCA DE UN LÓBULO

El problema de cualquier tipo de trasplante, no sólo de un órgano completo, sino de un lóbulo, es que hay que tener en cuenta los parámetros del órgano al que se va a añadir y los parámetros del órgano del que procede. Es decir, que existen los mismos inconvenientes que para un trasplante de órgano completo.

Mi hija Alejandra quedó descartada por su embarazo (encontrándose en periodo de gestación, someterla a una anestesia completa, cortarle un lóbulo del hígado y medicarla fuertemente con antibióticos para evitar cualquier tipo de infección era atacar de forma agresiva al feto). Por ser de distinto grupo sanguíneo al mío, también quedaron descartados Jacobo, Manuel, Toni y Álvaro. Estos dos últimos, oficialmente nuera y yerno, se convirtieron desde entonces en dos hijos más. En todo momento han estado ahí, para lo que yo necesitara, al igual que mis propios hijos.

¿Entonces? Entonces había que buscar un donante fuera de la familia, con los inconvenientes que ello lleva consigo, por la vigilancia de las autoridades sanitarias y de justicia, lógicas, por una parte, para evitar el comercio de órganos, la aparición de un mercadeo horrible que sólo favorecería a los más ricos y que pondría en peligro la vida de los más pobres, pero excesivamente estricta en muchas ocasiones.

Por ejemplo, quedaba descartada cualquier persona que hubiera tenido, tuviera o pudiera tener una relación laboral conmigo. Asimismo, cualquier donante era sometido a un interrogatorio exhaustivo para determinar si era idóneo o se descartaba por la mera sospecha de que pudiese haber alguna relación económica.

Comprendo que deba ser así y me parece bien, en general, la manera en que España ha resuelto el asunto administrativo de los trasplantes, conservando el secreto del donante y del receptor, para evitar cualquier posibilidad de comercialización en un asunto tan delicado. A mí me sometieron a un interrogatorio largo y profundo. Me preguntaron de todo. Mi religión, mi estado psicológico, si tenía antecedentes psiquiátricos... Un psicólogo te advierte de los posibles trastornos que puedes sufrir tras la operación y debes asegurar que no tratarás de conocer la identidad del donante. A mí aquello me pareció bien. Es una situación insólita, tan insólita que hace unos años era desconocida, y tratar de coordinar todos los factores, incluidos los aspectos emocionales del receptor, es tratar de que no se escape ninguna fisura de una organización que es modélica en el mundo.

En el momento en que ocurría todo aquello yo no hacía ningún tipo de consideraciones, por supuesto. Simplemente, deseaba que terminara todo. Seguíamos, de forma paralela, tratando de encontrar entre mis seres queridos a alguien que pudiera donarme un lóbulo. Todo seguía en el aire.

Y por muy egoísta que sea el enfermo, ocurre que te encuentras con generosidades tan inesperadas que te emocionan y te hacen pensar que el mundo no es tan malo como a veces nos da por decir.

XIII

MAGNÁNIMOS CONOCIDOS Y DESCONOCIDOS

El desfile de personas que pusieron un trozo de su cuerpo a mi disposición fue tremendo, enteradas de la situación por la que yo pasaba, a través de Internet o de cualquier otro medio. Pero el sistema sólo admite el ofrecimiento de un familiar o de un amigo muy cercano. Es, además, muy difícil encontrar una persona con las características idóneas. Ya he contado antes que, de toda mi familia, la única que hubiera servido para donar un lóbulo era mi hija Alejandra, pero que no podíamos someterla a la prueba por estar embarazada, y también resultaba difícil fuera de la familia.

Mis amigos Carlos Iturgáiz, Pedro Ruiz y Carlos Javier Sospedra se ofrecieron como donantes y se sometieron a diferentes pruebas, pero por diversos motivos no fue posible llegar hasta el final.

Y pasaban los días...

Creo que la angustia del paso del tiempo no era para mí un problema. Yo estaba inmerso en mis picores, en mi insomnio, en la angustia propia del enfermo, que se enroca en su propio malestar, pero yo no quería ser consciente de la cuenta atrás ni de que cada día que pasaba era un día que me acercaba más al final.

Uno de los días en que Vicente Estrada vino a visitarme a casa, impresionado ante mi tremendo deterioro, como tampoco podía quedarse para él solo la ansiedad y el agobio, y necesitaba compartirla, le dijo a mi mujer: «Ojalá la solución llegue pronto, porque le veo muy mal».

Durante aquel tiempo ocurrían cosas de todo tipo. Me han contado que vino una persona (no diré de qué país), y dijo que «le quitaran» lo que hiciera falta, a cambio de que le solucionaran sus problemas económicos. Hubo otras personas que llamaron al hospital o escribieron a Natalia con similares fines.

Por un lado, la grandeza de amigos y desconocidos que, con una generosidad impresionante, estaban dispuestos a correr riesgos por mí, y, junto a ellos, la miseria del mercadeo, eso que nuestro sistema jurídico y sanitario intenta evitar con sus filtros.

El desprendimiento de Carlos, de Pedro, de Carlos Javier, es de un afecto que cuesta entender. Hace falta sentir mucho cariño hacia una persona y una caridad que va más allá de lo normal para tomar esa decisión. Usted, por ejemplo, que está leyendo estas reflexiones, piense en un amigo, en una amiga, e imagínese que un día se encuentra en las mismas circunstancias en que me encontraba yo. Y que le dicen que necesita un lóbulo de otro hígado. Y usted dice que sí, claro, que se ofrece como donante, y da el paso, pero se encuentra con el doctor de turno, que le dice que primero tiene que pasar por unas pruebas, que es algo así como someterse a tres chequeos a la vez. Y, luego, le sueltan que eso puede tener riesgos para su salud, o ahora, o en el futuro. Y le dicen que los análisis son positivos y que hay que fijar ya el día de la intervención. Usted quiere mucho a su amigo, pero le van a someter a anestesia total, le van a practicar una cirugía agresiva, y le van a quitar un trozo de su hígado. ¿Se volvería atrás? ¿Seguiría adelante? ¿O dudaría incluso de ofrecerse?

No hace falta que se esfuerce en un repentino ejercicio de sinceridad. Basta para darse cuenta de que no son decisiones fáciles de tomar, y que si un paso adelante es admirable, no por ello significa que una negativa sea censurable. Yo, al menos, no me atrevería a censurarlo.

Y si esto pienso de los amigos, de las personas que te conocen y con las que has establecido lazos de afecto,

¿qué decir de los desconocidos? ¿Cómo puede ser que sin saber cómo soy, si en la vida me comporto como una buena o una mala persona, sin tener pruebas de si van a ser generosos con un engreído, o con un antipático, o con un egoísta, o con un retorcido, cómo eran capaces de ofrecerse y de decir «aquí estoy. Dígame, doctor, qué es lo que tengo que hacer».

Sería una petulancia impropia de mí deducir que mis canciones les han dado tantos buenos momentos que están dispuestos a compensarlos. No. Lo que sucede es que existe la bondad, como existe la maldad. Y que hay personas egoístas, avarientas, perversas, dañinas, de la misma forma que existen seres desprendidos, generosos, benefactores y caritativos.

Sales a la calle y te cruzas con docenas de personas. Sólo una de cada cuarenta, creo, es donante de sangre. Eso no quiere decir que el donante de sangre sea mejor ciudadano que el que no dona. Simplemente, hay individuos que sienten la necesidad de ayudar a personas que nunca conocerán y, periódicamente, sin que exista por medio ninguna retribución económica, se sujetan a una extracción de su propia sangre. Porque la sangre no se puede fabricar en una factoría y sólo la producimos los seres humanos. Y es necesaria para cualquier intervención quirúrgica, para sacar adelante al accidentado, para devolverle a la vida al que ha sufrido una pérdida excesiva de ese fluido vital. Ahora que lo pienso, en los trasplantes de órganos hace falta una gran cantidad de sangre.

Y hay otros ciudadanos que no es que sean perversos, no, y que seguramente son bondadosos, pero no se les ocurre pensar que en las clínicas, en los hospitales, todos los días hace falta sangre para que la gente no se quede en la mesa del quirófano.

Excepto unos pocos amigos, la mayor parte de las cuarenta y nueve personas que se pusieron en contacto con nosotros de una u otra forma nunca habían hablado conmigo, ni siquiera en un pasajero saludo en un camerino, y tuvieron ese arranque de altruismo que todavía me deja asombrado, que me apabulla y me sobrepasa, porque sé a lo que se puede aspirar con mi trabajo, pero nunca creí que, además de un aplauso, hubiera personas dispuestas a darme un trozo de su cuerpo.

XIV

SEGUNDO ATAQUE DE DESESPERACIÓN

A medida que aumentaba mi deterioro, aumentaba mi desesperación. No sé si la desesperación y el deterioro se encontraban en los mismos niveles, o era culpa de los insidiosos fantasmas de la noche, que me iban convenciendo de que todo era inútil.

Un día le pedí al Dr. Moreno que parase ya, que detuvieran las pruebas, que ya valía y que dejaran de buscar, de suplicar, de averiguar. Ya estaba bien, o sea, todo estaba mal, pues se afrontaba lo que fuera, pero no de aquella manera. Como el día de la conversación con Pedro Ruiz, volví a mi cantinela de que «eso no está en mi guión».

Me encontraba tan mal y tan decepcionado y, a la vez, tan impotente que empecé a sospechar que no me decían la verdad o, al menos, toda la verdad, y yo era sincero con mi protesta, pero puede que a la vez estuviera reclamando por parte de ellos una confesión general de omisiones, si es que las había habido. Intentaron tranquilizarme. Creo que me enfadé, si es que me quedaban fuerzas para enfadarme. Y ellos soportaron mi intemperancia con resignada paciencia, con afectuosa comprensión.

El caso es que completamente desesperado no lo estuve nunca. A lo mejor, en algún terrible minuto de la noche, pero siempre tuve un rescoldo, una chispa que nunca se apagó.

Aquella última bronca que protagonicé creo que ha sido eso: la última, porque los acontecimientos que surgieron a continuación me cambiaron de una manera tan evidente que no es que no haya protagonizado ninguna otra bronca, es que ni siquiera me enfado cuando hay motivos reales, y los que lo saben se asombran de que no pierda la calma.

Yo estaba enclaustrado en casa y me ahogaba. No podía salir a ninguna parte porque tenía a los fotógrafos y a los cámaras en la puerta, y me seguían a todos lados. Era asfixiante el panorama. No podía salir ni tan siquiera al jardín cuando hacía un rayo de sol por el temor a que colaran sus teleobjetivos a través del seto y me hicieran fotos, que de hecho ocurrió en dos o tres ocasiones en que me atreví a poner los pies fuera. Me sacaron una butaca a mi terraza del piso de arriba, en un hueco donde hay un gran árbol que lograba ocultarme de las cámaras. Pero, claro, no me podía mover de ahí, ni tan siquiera ponerme de pie. Todo eso hacía que mi desesperación fuera cada vez mayor.

(¿Dónde está el derecho a la intimidad?)

Mi carácter por esos días dio un vuelco de 180 grados. Me volví insoportable. Ya se lo habían avisado los médicos a los míos. El hígado da esas variantes tan tremendas. Vagaba por toda la casa, despacio, cabizbajo, ayudado por un bastón porque mis fuerzas cada vez eran más reducidas. Durante el día acompañado por alguno de los míos, por la noche con alguno de los enfermeros detrás de mí.

Iba de aquí para allá. Bajaba, subía los dos pisos sin motivo alguno, entraba en la cocina, Carlota (que trabaja en casa desde hace años) me decía «¿le hago algo, en qué puedo ayudarle, qué puedo hacer por usted?», la pobre con lágrimas en los ojos. Le partía el corazón verme así. Me había visto en tantas noches de esplendor en los escenarios, la energía con la que antes yo andaba de aquí para allá, y mis bromas con ella, mi afecto... O bajaba al estudio y hacía que Julio (su marido) quitara cuadros pintados por mí de aquí y los pusiera allí o al revés, y que moviera el piano, y que cogiera una escalera y se subiera y pusiera esto derecho y clavara aquello otro. Nunca tuvo ni una mala cara, con una tremenda paciencia iba haciendo todo lo que se me ocurría.

Yo estaba insoportable. Pero es que yo no era yo, y eso todos lo parecían entender y lo disculpaban. Al igual que Alicia, mi secretaria. Tantas broncas sin razón ni sentido. Cómo se portaban todos... Cuántas gracias doy por todo ello.

Empecé a pedir, como recomendaban los médicos, que me sacaran fuera, al cine o al teatro, al campo. Todos tenían miedo a eso, porque nos seguían los fotógrafos, que hacían guardia en la calle desde que salía el sol hasta bien entrada la noche. Y ni a mi mujer ni a mis hijos les daba la gana de que me anduvieran incordiando, de que sacaran de mí esa imagen tan deteriorada que yo ya tenía en esos tiempos. Pero, aun así, entendieron que me iba a volver loco estando encerrado en mi casa.

Me llevaron dos veces al teatro. Una a ver a Sara Baras y otra a mi queridísima Paloma San Basilio. Tres veces fuimos al cine, cerca de mi casa, a primerísima sesión, para evitar que hubiera mucha gente. Eso sí, rodeado de cámaras por todos lados. Mi familia no podía soportar esa situación. A mí me daba ya igual. Yo quería salir. Salien-

En nuestro aniversario de boda de 2002, tres meses antes del comienzo de este relato.
Mi deterioro físico es muy evidente.

El mismo día de nuestro aniversario, un año después (a los 4 meses del trasplante).
Mi físico vuelve a ser «normal».

Con David Bisbal y Rocío Jurado, grabando la gala de TVE para la Navidad de 2002, intentando que nadie se enterase de la situación que estaba pasando. Ésta sería mi última actuación hasta que pasó todo.

¡HOLA!

NÚM. 3.051 · 30 ENERO 2003 · 1,70 €

NILO MANRIQUE «REGRESO JUNTO A ISABEL Y MIS HIJOS PARA VOLVER A SER UNA FAMILIA UNIDA Y FELIZ»

Tuvo que ser ingresado de nuevo y serán abuelos por primera vez

RAPHAEL Y NATALIA, ENTRE LA PREOCUPACION Y LA ALEGRIA

El príncipe Rainiero y sus hijos asistieron al acontecimiento

ESTEFANIA DE MONACO, REENCUENTRO CON FRANCO KNIE EN EL FESTIVAL DEL CIRCO

ROMANTICO VIAJE A MEXICO DE MANUEL DIAZ, «EL CORDOBES», CON VIRGINIA TROCONE

FUNERAL EN EL ESCORIAL POR LA INFANTA DOÑA BEATRIZ

SUMARIO EN PAG. 27

www.hola.com

GENTE

▶ RAPHAEL, EN ESPERA DE UN TRASPLANTE

El cantante **Raphael** está en lista de espera para ser sometido a un trasplante de hígado, "única solución" a la dolencia hepática que padece y que se agravó en las últimas semanas, según informó ayer su hijo **Jacobo Martos Figueroa** en un comunicado. Con éste, la familia Martos Figueroa quiere que se sepa lo que ocurre y evitar así "que algunos rumores puedan ser más alarmantes que la realidad". En las últimas semanas, el cantante, que en mayo próximo cumplirá 60 años, tuvo que ingresar en varias ocasiones en una clínica de Madrid, aquejado de una dolencia hepática que se ha complicado gravemente. Por todo ello, los médicos que le atienden, **Vicente Estrada** y **Enrique Moreno,** han decidido, según el hijo del cantante, "que la única solución para una recuperación total es que mi padre se someta a un trasplante de hígado". Sus familiares y amigos más cercanos han sido sometidos a "diversas pruebas", si bien ninguno de ellos "somos compatibles con su grupo sanguíneo, impidiéndonos", destaca Jacobo, "la donación de un lóbulo del hígado". "Paralelamente a estas pruebas", añade, "se pusieron en marcha en su día los trámites habituales para un trasplante de hígado, quedando mi padre en lista de espera. En su momento, esta intervención será realizada por el profesor Enrique Moreno". En su comunicado, por último, la familia del cantante pide "el respeto, consideración y privacidad que requieren estos momentos".— EFE, Madrid

Durante toda mi enfermedad, tanto Natalia como mis hijos eran constantemente preguntados por la prensa sobre mi estado de salud. (© Euroimagen)

Un teleobjetivo a través del seto de mi casa… Una de las charlas con mi querido amigo Pedro Ruiz sobre la posibilidad de ser trasplantado. (© Queen)

Una de mis salidas durante la espera para hacerme análisis. (© Queen)

Amparo Rivelles y Lina Morgan. Dos de mis queridas amigas que muchas tardes venían a casa para hacerme más llevadero el tiempo de espera.

Arriba, Raphael, feliz y sonriente, en el momento de abandonar el hospital 12 de Octubre, tras obtener el alta médica, acompañado de su esposa, Natalia Figueroa. A la derecha, un primer plano del popular cantante dirigiéndose a su domicilio

Fotos exclusivas de su salida del hospital, en el que volvió a ingresar al día siguiente

RAPHAEL

OPTIMISTA Y CON BUEN ASPECTO

«Me encuentro muy bien, gracias a Dios»

El popular y querido cantante estuvo en su domicilio tras recibir el alta médica del trasplante hepático

117

El Dr. Enrique Moreno (segundo por la izquierda) con parte de su equipo: el Dr. De Andrés, el Dr. García y el Dr. Pérez Cerdá. (© Cover)

En la cocina de mi casa, el día que volví del Hospital 12 de Octubre, 13 días después de haberme trasplantado (la foto es de mi hija Alejandra).

El cantante Raphael supera con éxito el trasplante de hígado

AGENCIAS, **Madrid**

"Él está bien, todo ha salido maravillosamente y la operación ha sido un éxito", confirmaba ayer por la mañana el representante del cantante Raphael. El artista, que cumplirá 60 años el próximo 5 de mayo, fue sometido el martes a un trasplante de hígado.

Raphael, que desde principios de año esperaba el trasplante por una afección hepática que padecía desde hacía tiempo, fue intervenido el martes por la noche en el hospital 12 de Octubre de Madrid, según informaron a la agencia Efe fuentes médicas. La operación —que terminó a las cinco de la madrugada de ayer— fue dirigida por el jefe de cirugía digestiva del hospital, Enrique Moreno González, quien abandonó una cena profesional para desplazarse urgentemente al hospital y operar al cantante.

El doctor Moreno, premio Príncipe de Asturias de Investigación Científica y Médica, señalaba ayer que Rafael Martos "padecía una insuficiencia hepática terminal complicada con insuficiencia renal, debido a una cirrosis de etiología viral". "Ante la extrema gravedad del estado del paciente, que padecía ascitis, ictericia y extrema delgadez, por lo que corría peligro su vida, se había preparado para la próxima semana una donación parcial (el trasplante de un trozo de hígado cedido por un familiar o conocido), pero ayer [por el martes] hubo una oferta de un órgano que le correspondía por lista, peso, tamaño y grupo sanguíneo".

9 de abril. Doy mi primera rueda de prensa a los medios de comunicación en mi compañía discográfica, EMI, a los 29 días del trasplante. (© Cover)

5 de mayo (mi cumpleaños). Jacobo me hace esta foto a los 35 días del trasplante —¡todo va bien!

Nos reunimos en casa ese mismo día para celebrar en familia mi cumpleaños.
Manuel, Jacobo, Toni, yo, Alejandra, Álvaro y Natalia.

Mi amigo Santy Arriazu me lleva a su caserío en el Valle del Baztán para que me dé el aire lejos del acoso mediático... (© Queen)

Guisando una bullabesa en el caserío con Daniela Arriazu, que tanta compañía me hizo.

En el Valle del Baztán durante los días que allí permanecí.
La foto la hizo Santy.

¡VAYA VOZARRÓN PARA UN RECIÉN NACIDO!

Volví a casa el día 31 de mayo para celebrar con mi familia y muchos de mis amigos mi cumpleaños (con 26 días de retraso).

En esta imagen, con mis amigos Ana y José Bono y Carmen de la Maza durante la celebración.

Con María Teresa Campos (gran amiga de siempre), su hija Terelu,
y José Luis y Lucio, de toda la vida.

Con mi querida amiga Rocío Jurado y Eugenia Martínez de Irujo.

En este animado grupo, compartiendo con Rita Pavone, Paloma San Basilio,
José Luis Perales y Manuela, su mujer.

Con mi hija Alejandra (casi a punto de traer al mundo a Manuela) y Álvaro.

Con Juan Antonio Ruiz «Espartaco» y Patricia Rato.

Con S.M. la reina de Bulgaria y Rosa Zaplana.

Con Rocío Jurado, Ana Rosa Quintana y Luis Cobos.

Con Teresa Berganza.

Con María Jesús Valdés, Eduardo Zaplana y Emma Penella.

do me daba la sensación de que no estaba tan mal. Pero sí lo estaba. Cada vez más. Me moría poco a poco.

Cuando llegaba a casa miraba mi móvil. Siempre tenía decenas de mensajes de mis amigos dándome ánimos o contándome cosas para distraerme, para tratar de ayudarme a seguir adelante. Así las 24 horas, día y noche. Dejaba el móvil en silencio para que los mensajes no me despertaran y mi alegría era grandísima cuando veía que me habían llegado otras tantas decenas.

Mi móvil siempre en silencio, pero el de Natalia y los niños siempre abiertos, pendientes de LA LLAMADA del 12 de Octubre. Quizá hoy, quizá mañana... Y seguían pasando esos terribles días. Siempre rodeado de los míos, que estaban todo el día en casa. Hasta los que ya no vivían en ella, como Alejandra, que venía desde temprano. Y Álvaro, en cuanto su trabajo se lo permitía. Y Jacobo y Toni lo mismo, siempre que tenían tiempo libre ahí estaban al pie del cañón, a los pies de mi cama o donde yo me encontrara. Sábados, domingos...

Eso es tan importantísimo para el enfermo...

Al menos, para mí era vital.

XV

REFLEXIONES NECESARIAS

Como en esta historia se conoce de antemano el final, y ya se sabe que el protagonista vive y que no hay ningún mayordomo malvado que resulte autor del crimen, quisiera detenerme un instante para confesar algunas de las reflexiones posteriores a aquel día en que Natalia me dijo que teníamos que ir al hospital, porque había un donante con un órgano que según las fichas era compatible con mis características fisiológicas, y que era posible que se procediera al trasplante.

Antes de sumergirme en ese momento, donde por fin te van a ofrecer el paracaídas para que abandones el infierno en el que vives, pero en el que, a la vez, temes —e incluso sabes— que hay ocasiones en que el paracaídas no se abre... antes de llegar a ese punto frente al que ignoras si va a ser un punto final o un punto y seguido, me gustaría verter algunas de las reflexiones posteriores que me ha suscitado todo este largo proceso.

Muchas, muchas veces, he pensado en la familia del donante. No les pongo rostro, ni domicilio, ni encuadramiento de ningún tipo. Son una familia. Y al decir eso me refiero a un hermano, una hermana, un padre, una esposa, un hijo, una madre, una hija, un marido o cualquiera de las combinaciones que pueden darse en el parentesco en primer grado. Esa persona se encuentra desgarrada por dentro y por fuera. Cuando estamos desgarrados por dentro apenas nos importa la apariencia que podamos tener, y por eso el dolor auténtico va acompañado de un derrumbe exterior evidente. Esa persona atraviesa uno de los momentos más duros de la vida, el que se produce cuando la muerte se cruza con su inexorable y azarosa misión.

Más aún, los donantes de órganos suelen ser personas que han perdido la vida en un accidente. Estamos, pues, no ante una muerte más o menos esperada, el lógico proceso de una ancianidad prolongada hasta el máximo, o el resultado previsto tras una larga enfermedad, sino ante un brusco arrebato, absolutamente impensable. Uno de los más antinaturales, de los más crueles, es el que obliga a los padres a enterrar a los hijos. Por supuesto que nos gustaría que nuestros padres no se despidieran definitivamente nunca de nosotros, y que sentimos un dolor terrible cuando lo hacen. Pero por mucho que nos duela y los lloremos, se trata de una ley biológica, de un procedimiento que obedece al sistema de la especie. Tan es así que alguien habla de que, de alguna manera, los seres humanos somos inmortales, puesto que nos prolongamos en los hijos, y, aunque yo no entiendo de estas filosofías, observado de una forma cósmica, puede que sea así.

Pero no quiero perderme en divagaciones como las que me han llevado por unos y otros derroteros durante tantos días en los que la nueva situación y la inactividad me arrastraban a ello.

Estábamos en esa familia que se encuentra ante un hecho absolutamente inesperado. Hace unas horas ese marido lloroso ha despedido a su mujer, que se iba al trabajo con un beso y la seguridad de que, a la noche, se encontraría con ella en la casa de ambos. Ayer, ese padre que se derrumba estuvo hablando con el hijo de un nuevo empleo, de un nuevo rumbo en el trabajo o de sus planes para casarse con una chica con la que sale ahora. No hace ni veinticuatro horas, ese chico de mirada ausente estuvo con su hermana y su novio en el cine, y, al salir, discutieron sobre la película y hace un par de horas le han llamado por teléfono y ahora sabe que nunca más podrá ir al cine con ella. No quiero perderme en los casos, ni ofender la inteligencia del lector, que se los puede imaginar o incluso puede darse la circunstancia de que haya pasado por esa experiencia.

Nos encontramos, pues, en el peor de los escenarios, cuando a los familiares no les interesa absolutamente nada de este mundo y se preguntan «¿por qué a mí?». ¿Por qué esa desgracia les ha tenido que ocurrir a ellos, precisamente? ¿Por qué no a otros? ¿Qué méritos o qué pecados han cometido para recibir semejante castigo? La aceptación de la desgracia proporciona una sensación de indiferencia ante todo lo que ocurre, y si esa persona ayer podía sonreír ante los juegos de unos niños, o conmoverse ante la dificultad de un anciano al cruzar la calle o divertirse ante los saltos de un cachorro de perro, hoy todo le parece absurdo y sin sentido. Y sobre todo, percibe que con esa muerte la vida le está tratando de una manera singularmente injusta.

Y en esos momentos graves, atormentados y amargos, vienen unas personas desconocidas que parece que tienen intención de reconfortarte, de compartir tu pena, pero que debido a la premura que exige la vasta operación que hay que poner en marcha, tampoco tienen mucho tiempo que perder, y te piden la autorización para que algunos de los órganos del ser querido que te acaban de arrebatar sirvan para prolongar la vida de alguien a quien ni conoces, ni llegarás a conocer nunca.

Ésa es la situación. Ni cruda, ni edulcorada. Ni exagerada, ni disimulada. El escenario es tan terrible como que cuando todavía no has asimilado que una hija tuya o que tu marido desaparezca de tu vida y no vuelvas a verlo nunca más, en ese inoportuno momento en que para el deudo nada de lo que sucede alrededor tiene sentido, viene una desconocida o un desconocido a pedirte que, ya puestos, podríamos aprovechar los restos mortales para que otra persona pueda vivir.

Ahora, en casa, tras la experiencia, somos donantes. Pero que cualquiera, de manera honrada, intente verse en ese caso e intuya cuál puede ser su reacción.

Me gustaría dedicar unas palabras de homenaje a esos psicólogos que tienen un trabajo tan duro y tan difícil. Esas personas anónimas que llevan a cabo la parte más aparentemente impersonal y que, sin embargo, no sólo es la más personal, sino que sin la superación de esa prueba nada podría comenzar.

Deben poseer una gran serenidad, una enorme claridad de juicio y un claro convencimiento de que los objetivos merecen la pena, porque de lo contrario no serían capaces de afrontar una labor tan dura y tan escasamente grata. Porque habrá quien pague con ellos la ira y la desesperación que la pérdida de un ser querido lleva consigo, o quien no quiera ni siquiera escucharles o, simplemente, niegue su consentimiento. Esa negativa es, también, el fracaso de su misión, y la tentación de preguntar si no abordaron bien, si lo hubieran podido plantear mejor, si quizá ellos han fallado.

Ellos no fallan nunca. Puede fallar la generosidad, o puede triunfar la desesperación de su interlocutor, porque ellos intentan hacerlo del mejor modo posible.

A cualquier hora. En cualquier día. Esto no es una oficina que tenga horario de lunes a viernes. En cualquier momento de la madrugada de un viernes o de un sábado puede sonar el teléfono y tener que prepararse para una entrevista de la que depende una vida humana. Lo más paradójico es que esta vida viene de una muerte. Y esa tremenda contradicción tiene su expresión culminante en el momento en que el psicólogo se acerca a plantear un dilema para el que nadie está preparado.

Parece sencillo. Un proceso racional en el que llegas a la conclusión de que, puesto que nadie va a resucitar a tu hija, a tu esposa, a tu hermano, puedes hacer un gesto póstumo, y de alguna manera algo de él va a seguir en esto que llamamos vida. Parece sencillo, pero no lo es, porque esa decisión se toma en medio de la conmoción del sufrimiento de la noticia, y en la confusión que provoca el tremendo golpe recibido.

Estoy seguro de que si la decisión se pudiera tomar un mes después de sucedido el fallecimiento, es probable que nadie se negara. A un mes vista, se tiene la suficiente serenidad como para llegar a la conclusión de que se trata de algo sensato. Pero a los pocos minutos, apenas transcurridas algo más de una hora o de dos, cuando todavía nadie se hace a la idea de la tragedia que acaba de suceder, no se está lúcido, ni se tiene la serenidad como para pensar con calma.

Y es allí donde los psicólogos, conmovidos también con el dolor que ven en sus interlocutores, porque no son insensibles al sufrimiento, deben plantear algo tan crudo, tan fuerte, como la donación de un órgano.

Estas palabras de homenaje a los psicólogos deben extenderse a los protagonistas del comienzo de esta especie de cuento de hadas y de ciencia, de muerte y de vida, o sea, los familiares.

¡Cuánta generosidad, cuánto desprendimiento, cuánta caridad en ese asentimiento! Estamos acostumbrados a decir que vivimos en una sociedad egoísta, y es cierto muchas veces. Estamos convencidos de que cada uno va persiguiendo su interés y que casi nadie se detiene a pensar si el prójimo sufre o se divierte, y es verdad en no pocas ocasiones. Pero también es cierto que existe la generosidad, el altruismo y la misericordia, que la bondad existe, incluso en cantidades mayores que la maldad. Lo que ocurre es que los buenos no son noticia. Los titulares de las noticias casi siempre los acaparan los malos. Ningún periódico, ningún medio destaca una noticia de este tipo: «Ayer, en el hospital provincial de Palencia, un hombre de 56 años, transido de dolor, deshecho por la muerte de una hija suya de 29 años, dio su consentimiento para que su corazón y sus riñones pudieran servir para aliviar y alargar la vida de algunas personas condenadas a muerte si no reciben un trasplante».

Eso no aparece en los informativos. En los informativos se nos habla de guerras, de atracos, de delincuentes, de escándalos, de desfalcos, de malas noticias. Los buenos y las buenas acciones no son noticia.

Es curiosa la manera que tenemos de percibir la bondad, como si se tratara de una obligación, cuando no existe ningún código donde aparezca el deber de ser bueno. Como mucho, se nos exige corrección y ausencia de acciones que perjudiquen a los demás, pero nadie nos reclama el ejercicio del amor al prójimo.

Y hay gente bondadosa, gente que puede ser indulgente incluso en las circunstancias en las que casi parece lo más consecuente encerrarse en el propio dolor y no querer saber de otras desgracias que las propias.

Nunca conoceré a esas personas generosas que me han permitido vivir. Por razones de ley, por preservar la discreción del procedimiento y por evitar la perversión del sistema, así está establecido. Al principio, te extraña. Luego, te das cuenta de que es lo mejor, porque podrían derivarse emociones no deseables, incluso aparecer obsesiones torcidas. Pero eso no quiere decir que a los beneficiarios del trasplante de órganos se nos olvide que un día, en una fría madrugada o en un caluroso anochecer, en una aséptica habitación de una clínica, alguien con la expresión trastornada por el dolor movió de arriba hacia abajo la cabeza, musitó un «sí, de acuerdo» y, a continuación, casi sin darle tiempo a una pausa, le pusieron delante unos documentos para firmar, para corroborar por escrito su consentimiento.

Esa generosidad, que a muchos nos ha permitido resucitar, se encuadra en esos actos grandiosos que no tienen cronista y que salvan nuestra dignidad como especie y suscitan el orgullo de pertenecer a ella.

Tenía necesidad de contar esto. De ponerlo de manifiesto. De acercarnos a la comprensión de los tabúes que existen, y, si es posible —¡ojalá lo sea!—, incitar también a que esa grandeza que nuestro país ejerce en mayor porcentaje que en ninguno otro de la Unión Europea todavía se amplíe más.

Hoy leo y escucho y veo noticias que se refieren a sorprendentes avances científicos. La biogenética va de descubrimiento en descubrimiento, y por lo que me llega, sin entender de ello, el cultivo de células madre hará posible en un futuro, no sé si cercano o lejano, regenerar órganos y neutralizar enfermedades que hoy aparecen en el apartado de las incurables. A lo mejor, dentro de no muchos años, todo esto de los trasplantes se contempla como una práctica primitiva y superada, como observamos la peripecia de los coches de caballos, en la era del automóvil, o con la mirada soberbia con que en las películas antiguas observamos las peripecias para que la operadora telefónica consiguiera una conferencia con otra ciudad española, mientras sentimos el bulto del teléfono móvil en el bolsillo. Todo avanza y la medicina es una de las ciencias que mayores saltos ha dado. Pero en el momento presente, mientras llega esa época de maravillas bioquímicas y genéticas, hay una larga lista de personas que esperan un riñón, un hígado, un corazón, que les permita seguir estando entre nosotros. Y, hasta el momento, el único camino es el trasplante. Una operación muy grande en la que está involucrado todo el sistema sanitario español, y en la que es necesario que alguien, a quien la vida le ha dado un puñetazo con la muerte de un ser tan amado por él como insustituible, dé su consentimiento y firme unos papeles para que una maquinaria casi perfecta se ponga en movimiento en cuanto se percibe la señal de comienzo dada desde cualquier punto de España.

XVI

MI ESTUDIO Y MIS AMIGOS

Mi estudio es mi castillo, mi despacho, mi cuarto de estar, mi refugio. Aquí he pasado muchos y muy buenos momentos. Aquí está una muestra de los carteles de algunas de mis actuaciones, fotografías de ocasiones especiales, los trofeos, los premios, los payasos de tela o de porcelana, de papel o de cerámica, que sirven de ornamento. Aquí está buena parte de mi vida profesional, retazos que parecen inconexos, pero que forman parte de un todo. Aquí hay incluso fotografías donde no voy vestido sobriamente de negro, e incluso luzco una camisa con chorreras, procedente de mis primeras actuaciones.

Aquí he pasado momentos muy felices y momentos de pánico, cuando en esas noches, al salir de la bañera, bajaba hasta aquí y ponía la música a todo volumen y colocaba mis discos —¡mis discos!—, cosa que no había hecho en mi vida. Nunca escucho mis discos, pero en aquellos días no sólo los escuchaba, sino que veía películas protagonizadas por mí. No me daba cuenta. Debía de ser el subconsciente, que me empujaba a una especie de repaso y despedida, aunque no me planteé en serio que fuera a morir. Tenía miedo, sí, claro, más que eso, estaba aterrorizado. Pero en el fondo tenía esa confianza que nada era capaz de borrar.

Y este estudio, que era una especie de mazmorra con la música a todo volumen por las noches, se convertía en un agradable salón por las tardes, cuando venían mis amigos, los que viven o están por Madrid, claro. Con los que estaban por otras ciudades o por otros países nos enviábamos faxes. Con Julia Otero, por ejemplo, o con Tomás Muñoz, o con Alberto Cortez. A Alberto le pedí canciones para mi nuevo disco. Y a Enrique Bunbury, y a Leonardo Favio, que andaba por Argentina. Incluso a Alejandro Sanz. Para mí era fácil, porque lo hacía por fax y no les veía la cara. Era peor cuando trataba con profesionales delante de mí, porque todo el mundo sabía que me estaba muriendo, y no es que les chocara o les extrañara que en esas condiciones estuviera haciendo planes para el futuro, es que creo que pensaban que me había ido de la cabeza. Un día, María Teresa Campos no lo pudo soportar y me dijo, con lágrimas en los ojos: «¡Raphael, por Dios, no te precipites!». Porque yo contaba mis planes como si fuera a debutar al día siguiente, cuando la verdad es que no podía ni salir a la calle.

Una tarde vinieron de mi casa de discos. Me hablaron con mucha cautela al principio, hasta que me soltaron la propuesta de hacer una edición de grandes éxitos míos, y yo me enfadé un poco. «¿Qué me estáis preparando? ¿Un homenaje? Pues estáis equivocados, porque lo que yo estoy preparando es un disco nuevo.» Y era verdad: yo estaba preparando a través del fax lo que sería mi nuevo disco, con Perales, Cortez, Bunbury…

No sólo eso. Me dio por esbozar y montar espectáculos. Le preparé uno a Nuria Espert y se lo entregué en una cinta una de las veces que vino a verme. Me parece que todo formaba parte de lo mismo: de los deseos de escapar. O escapaba hacia atrás cantando yo mismo viejas grabaciones, o escapaba hacia adelante con espectáculos que no se sabía si podría acometer. Aunque, en el fondo, yo había optado por vivir, y no iba a quedarme en un rincón, a la espera del agotamiento definitivo.

Durante las tardes no trabajaba y me sentía acompañado por mis amigos. Amigos queridísimos. Unos populares y otros que no lo son. A estos últimos no los nombraré porque tú, lector o lectora, no les conoces. Pero yo les llevo en mi corazón.

Venía Rocío Jurado, que es una mujer que me produce sosiego. Es apasionada, muy temperamental, pero para mí su presencia es también tranquilizadora. Me encanta escucharla.

Venían Amparo Rivelles y Lina Morgan. Hacían de comediantes. Sí, sí. En aquellos días dramáticos, mientras la vida se me escapaba a chorros, ellas parecía que habían estado ensayando antes, durante el día, para hacerme reír por la tarde. Después me confesaron que salían llorando de casa.

Venían Rocío Dúrcal y Junior, y Alaska, tan queridos por mí.

Y Pastora Soler. Y Camilo Sesto, que poco tiempo antes había pasado por lo mismo y que, con su fantástico aspecto después del trasplante, me daba mucho ánimo.

Venía Alfredo Landa, que hasta llegó a hacerme la competencia, no desleal, sino absolutamente leal y cariñosa, y me cantó con una guitarra.

Venía José Ramón Díez, que fue director de TVE. Le conozco desde 1968, cuando su padre dirigió el primer especial que hice para TVE.

Venían gentes de toda la vida, como María Teresa Campos, a la que conozco desde que estaba en Radio Juventud de Málaga, o Ángel Martín Vizcaíno, grandísimo amigo mío que también fue director de TVE, hasta otros recientes como Sergio Dalma, al que conocí porque vino a mis dos programas últimos de televisión, y hubo una buena conexión entre nosotros, y nos mensajeábamos.

Un día sí, y otro no, o puede que un día sí y otro también, aparecía Pedro Ruiz, a veces con Luis Cobos. Y Paco Gordillo y su mujer, Sole, y Carmen Jara. Paco ha sido mi primer y único mánager, pero sobre todo un gran amigo muy querido.

Y venía Tina Sáinz, y Pedro Piqueras, y Carmen Sevilla con sus flores. A la vuelta, se iba en un taxi a rezar a Jesús de Medinaceli. Dice que convencía al taxista para que entrara con ella a rezar por mí, y la creo muy capaz. Le diría algo así: «Mire, vengo de casa de Raphael, que está muy malito, pero que muy malito, así que vamos a entrar a rezar al Jesús de Medinaceli, deje usted por aquí el taxi, que luego me tiene que llevar, y entre conmigo, que a Jesús siempre le gustarán más dos rezos que uno solo». ¿Quién se le resiste?

Venía Pepe Bono, entonces presidente de Castilla-La Mancha, y aprovechaba algún viaje a Madrid para acercarse a ver cómo estaba. Y Carlos Iturgáiz, que hacía lo mismo cuando venía del País Vasco.

Esto de la amistad es un misterio que no tiene nada que ver con la política, ni siquiera con los gustos. Una vez me dijo Bono que alguien le había dicho que «no le pegaba» que yo fuera amigo suyo. ¡Qué tontería! ¡Como si los amigos de cada cual obedecieran a unas normas! ¡Como si las personas fueran marcas de automóviles que sólo pueden llevar piezas de origen de las respectivas fábricas!

Respeto mucho a mis amigos, sean lo que sean y como sean. Y ellos a mí también. Y me parece que ésa es la base principal: el mutuo respeto a las ideas y a la manera de vivir. Hay un límite en que uno ya no entra en la vida del otro. Y si entra, se respeta. Para mí, un amigo es una persona con la que se puede uno sentar y hablar de todo sin temor a represalias verbales ni a enfados.

Otros amigos me enviaban mensajes de ánimo aprovechando alguna entrevista en televisión: Joan Manuel Serrat, José María Pou…

Las llamadas telefónicas fueron en esos meses incesantes: Julio Iglesias (que me ofrecía con insistencia su casa de Punta Cana para que pudiera descansar tranquilo), Ana Belén y Víctor Manuel, Ana Botella, Josefina y Marcelino Camacho, el doctor Valentín Fuster desde Nueva York, Miguel Bosé, Eduardo Zaplana, María Dolores Pradera, Lola Herrera, Emma Penella, Lucía Bosé…

Mi estudio se convirtió en un lugar placentero, donde me hacían sentirme querido. A mí me gusta más escuchar que hablar. Y ellos hablaban, y yo escuchaba. Bueno, también intervenía, claro, pero me gusta mucho escuchar. En eso no parezco español.

Y cuando se marchaban, hablaba con mis amigos que estaban fuera a través de los mensajes del móvil. Odio el móvil. Casi nunca hablo por él. Sin embargo, me encanta enviar mensajes escritos a través del teléfono móvil, o celular, como lo llaman en América, y correo electrónico y faxes. Así que, una vez que el estudio se había quedado vacío, yo enviaba mensajes a Raffaela Carrá, a Tomás Muñoz, a Miguel Alemán...

A Miguel Alemán le conozco desde la primera vez que viajé a México. Entonces vivía Azcárraga, el padre, y él era presidente de Televisa, y yo siempre he actuado en Televisa. Su mujer, Christiane Martell, que había sido Miss Universo, era una fanática mía, y había ocasiones en que me los encontraba por ahí. A lo mejor estaba actuando en Houston y venían a verme Miguel y Christiane. O me encontraba con su hermana, La Chata, o con alguien de su amplia familia en Las Vegas o en Miami.

Hay ocasiones en que la amistad se inicia por motivos meramente profesionales y luego surge otro tipo de relación. Algo así me sucedió con Jacobo Zabludovsky (que en México es el equivalente de Luis del Olmo o Iñaki Gabilondo). Con él y Sarita, su mujer, mantengo una gran amistad desde hace más de cuarenta años.

A veces, el paso del tiempo te arranca amigos queridísimos. Por ejemplo, Michel Bonet o Alfredo Tocildo.

Alfredo fue, hasta su muerte tan temprana, uno de mis amigos más importantes. Periodista, publicista, trabajó en casi todas mis películas, colaboró conmigo en mi oficina durante mucho tiempo, y fue mis pies y mis manos hasta el final.

A Michel le conocí cuando fui a actuar al Olympia de París. Trabajaba en Pathe Marconi, mi casa de discos allí. Fui a grabar a Francia y él fue a buscarme al aeropuerto con otra gente de la compañía. El caso es que Michel venía a verme grabar y nos hicimos amigos. Su presencia, al principio, estaba motivada porque había aprendido español en Cuba y la compañía pensó que podría ayudarme.

Entonces estaba a punto de rodar *El golfo*, dirigida por Vicente Escrivá, y en el reparto estaban Shirley Jones, Ahui Camacho, Pedro Armendáriz, Héctor Suárez y Patricia Morán.

Tenía que interpretar a un chico acapulqueño, muy moreno, y yo soy muy blanco. Entonces, por mi cuenta, me dediqué a tomar rayos UVA, pero por mi cuenta y a lo bestia. En vez de tres minutos, treinta; en lugar de ponerme algodón protector en los ojos, sin protección. Y se comenzaron a quemar las retinas, sin que yo dijera nada.

Un día vino a buscarme al estudio donde grababa, yo estaba con los ojos escocidísimos, y me saludó desde el control. Después, me llevó en su coche al hotel Place Athenée.

Cuando atravesábamos el Bois de Boulogne veía todas las cosas con un halo, porque me estaba quedando ciego, pero no dije nada, siempre he sido «ocultista», como cuando lo del minibar, pero él veía que tenía los ojos llorosos. No me preguntó nada, pero subió conmigo hasta la habitación y, al ir al lavabo, me miré en el espejo y comprobé lo peor: que no veía nada.

Uno de los peores enemigos que tengo soy yo mismo, cuando pretendo poner tanto empeño en lograr algo, sea ponerme moreno, o aprender a fumar. Porque esto del cine siempre me ha traído complicaciones o, como se dice ahora, efectos secundarios, y no tan secundarios.

En otra de mis películas, *Volveré a nacer,* tenía que fumar. Hasta entonces yo no fumaba en las películas porque siempre me daban el papel de cantante, y se supone que los cantantes no fuman, aunque, en aquella época, tengo la impresión de que todos los cantantes fumaban, y puede que yo fuera la excepción. Fumaban las cantantes porque era moderno y liberador, y fumaban los cantantes porque..., no sé, creo que porque fumaba todo el mundo.

El caso es que yo tenía que grabar unas escenas en las que fumaba, y como no había fumado nunca, pues, claro, se me notaba. Es como si a una cría que no ha llevado nunca zapatos altos le pones unas sandalias con unos tacones de doce centímetros. La pobre anda, desde luego, pero con esa inseguridad de quien piensa que está a punto de caerse. A mí me debía de pasar lo mismo con el cigarro y les debió de dar la impresión de que llevaba un palo encendido en la mano o que, en definitiva, se notaba que no había cogido un cigarrillo en mi vida. Bueno, de chico puede, pero no me debió de gustar.

Ese pundonor que me pierde actuó en esta ocasión. «¿Os creéis que no voy a aprender a fumar? Vamos, me voy a convertir en un experto», debí de decirme a mí mismo, y me dediqué a la tarea de fumar con el mismo entusiasmo loco con el que había decidido ponerme moreno como un acapulqueño.

Tanto ardor le puse a la tarea que terminé convirtiéndome en un fumador de dos cajetillas al día. De la abstinencia total pasé al abuso, pero, eso sí, cuando a los pocos días volvimos a rodar las escenas en las que fumaba, yo era ya un tipo que manejaba el cigarrillo como si no hubiera hecho otra cosa en la vida.

Creo que no me di cuenta de lo que me estaba perjudicando hasta que un día, a las siete de la mañana, sin haber desayunado, sin haberme duchado, recién salido de la cama, me encontré con un cigarrillo encendido nada más despertarme. Debía de haberlo hecho muchas veces y, con esa naturalidad con que lo extraordinario lo convertimos en normal, no me había llamado la atención. Pero aquella mañana debía de estar más lúcido o menos somnoliento, y el caso es que me pareció absurdo, nada más levantarme de la cama, tener que encender un cigarrillo, y me dije «se ha acabado». Y se acabó. Porque, eso sí, de la misma manera que aplico una enorme voluntad para adquirir el vicio de fumar o la piel tostada, también ese mismo frenesí lo puedo emplear para lo contrario. Así que, gracias a que me di cuenta de lo absurdo de la situación del fumador, pasé a la categoría de ex fumador hace ya tantos años que ni recuerdo el sabor del humo en la boca.

Pero vuelvo a Michel Bonet.

A partir del incidente de los rayos UVA, y del susto de haber estado a punto de perder la visión, a raíz de ese incidente, y a pesar de los distintos derroteros que teníamos, nos mantuvimos en contacto permanente, aunque fuese a través de un fax.

En los últimos años nos vimos algunas veces en París, él vino a nuestra casa de Madrid, y la última vez que estuvimos juntos antes de su muerte (también muy temprana) fue en la casa que yo tenía en Miami.

Vuelvo a insistir en que la amistad no tiene nada que ver con la situación social, la inteligencia, la riqueza o incluso la cultura en su sentido más amplio. Otro de los amigos, en este caso una amiga, que también ha desaparecido porque murió fue Ana Mariñoso. La conocí casi cuando daba mis primeros pasos en la canción. Ella era una señora ya mayor, con una voz deliciosa, que usaba como locutora de Radio Juventud de Zaragoza. Soltera. Pero dada la enorme diferencia de edad, porque yo era un crío y ella una señora de avanzada madurez, no existía otra cosa que amistad. A mí me parece que yo suscitaba en ella un cierto espíritu maternal que sólo se habría desarrollado con los sobrinos y, en mi caso, me agradaba su presencia y su conversación. Vino desde Zaragoza al primer concierto que di en el Teatro de la Zarzuela y estuvo entre bastidores.

De vez en cuando nos encontrábamos en Zaragoza o en Madrid y nos íbamos a merendar. Ella solía tomar tortitas con nata. Me contaba su vida. Yo le contaba la mía.

Y nos despedíamos. Y nos escribíamos cartas, porque sigo siendo del género epistolar, aunque ahora use el móvil para escribir mensajes.

Repaso lo que antecede y no es casualidad que al hablar de mi estudio me acuerde de los amigos. Aunque miro hacia delante y estoy lleno de proyectos y procuro disfrutar de cada minuto, no es raro que en mi estudio, ahora, después de lo que ha sucedido, encuentre una especie de arrullo, no sé si imaginado por mí o real, porque aquí encontré comprensión, afecto, es decir, la amistad de esos buenos amigos que en momentos nada triunfales, para nada brillantes, esos que a nadie agradan, estuvieron aquí y sacrificaron su ocio y la oportunidad de acudir a otros placeres o a otros lugares más agradables, y estuvieron aquí proporcionándome su aliento y su cariño.

Mi estudio, ya lo he dicho, es mi casa, mi castillo, mi refugio, mi lugar de trabajo. Es esa casa en el árbol que tienen los niños de algunos cuentos. Y hoy mi estudio está enriquecido, tiene mucho más valor, porque sigue siendo todo eso y, además, el escenario de la solidaridad de mis amigos.

XVII

«EL DÍA H»

Y llegó el día. Ése día que mis médicos esperaban, que mi familia anhelaba, y que yo estaba seguro de que habría de presentarse. Lo has esperado tanto, has especulado tantas veces con cómo ocurriría, lo has deseado con tanta intensidad que cuando llega te bloquea y te parece incluso increíble. Y te produce temor. Mi casa se había convertido en una sala de espera para aguardar «el día H». Mi habitación hospitalaria era una especie de habitación de tránsito para trasladarme a la auténtica en la que esperaría el inicio de la intervención. Las visitas de los amigos, las tertulias, los mensajes, los días y las noches que se sucedían no tenían otro objeto que esperar la ocasión en que alguien donara un hígado que se ajustara a las características mías y que no se ajustara a la de los otros pacientes que también anhelaban lo mismo y que estaban por delante de mí en la lista.

Los días que estaba más optimista pensaba que no sería difícil. Los días que no me encontraba tan confiado recordaba, por ejemplo, que cuando se analizó a toda mi familia, con quien lógicamente debería tener muchas afinidades fisiológicas, la única que podría haberme cedido un lóbulo era mi hija. Si eso pasaba en la familia propia, ¿no sería muchísimo más difícil en alguien ajeno a ti?

Y llegó el día en que por fin alguien de una generosidad extraordinaria te entregaba el paquete con el paracaídas para que pudieras saltar. Claro que lo que nadie te garantizaba era que el paracaídas se abriera y llegaras sano y salvo al suelo.

A las tres y media de la tarde del día 1 de abril, se produjo una llamada: la de la coordinadora de trasplantes del 12 de Octubre. Yo estaba dormido, tratando de descansar algo, pues la noche anterior, como todas las noches, no había pegado ojo. Le dijo a Natalia que me despertase, que ni siquiera me vistiera, que me echase algo por encima y que saliéramos hacia el hospital sin perder un segundo.

Salí de mi cuarto. En ese momento, Natalia venía a avisarme. «Vamos al hospital.» Por su expresión me di cuenta en seguida de que ese día tan tremendamente esperado, ansiado y a la vez temido había llegado. Le respondí —con una calma aparente que seguramente no tenía— que muy bien, que ya iríamos más tarde. Retrocedí asustado, me metí en mi baño. Iba de un lado a otro dándome golpes con las paredes. Golpes sordos como para que no los escuchara nadie. Y lloré, lloré. Me miraba al espejo, me miraba en mis ojos y me daba una lástima tremenda de mí mismo, y me decía con un hilo de voz entrecortada «si todo va a salir bien, verás... todo va a salir bien. Sé valiente, aguanta un poco más, sólo un poco más». Y me miraba a los ojos y golpeaba el espejo duramente, sordamente con los puños y seguía llorando ante mí mismo.

Me lavé la cara con agua fría para reaccionar y me calmé un poco. Salí del baño. Natalia me dijo... Y yo me dejé llevar como un autómata.

No pensamos sólo cuando creemos que estamos pensando o cuando reflexionamos deliberadamente sobre algún asunto. Estamos pensando de manera continua, incluso cuando dormimos, y en los asuntos más intranscendentes. A lo mejor vas en el coche y, mientras conduces, o te llevan, sin apenas darte cuenta, piensas que ese hombre está muy mayor para cruzar la calle fuera del paso de peatones, que el escaparate de esa tienda tiene poca luz, que la fachada de la esquina está muy afeada, que esa señora lleva unos zapatos de color pistacho que parecen fosforescentes, que el parabrisas está sucio... Docenas y docenas de observaciones que elabora el cerebro sin que nos distraiga de conducir.

Pues bien, si eso es así con aspectos intrascendentes y que no nos afectan —porque no nos afecta el color de los zapatos de los demás, ni la luz que le quiera dar cada comerciante a su escaparate, ni la inmensa mayoría de las cosas en las que pensamos—, ¿cómo no vamos a discurrir sobre algo que es nada más y nada menos que el cara o cruz de nuestra existencia?

Y, por eso, porque el cerebro debería estar procesando datos y miedos a toda velocidad, yo intentaba eludir la cuestión, aplazarla. ¿Que tenemos que ir para someterme a un trasplante? Bien, bien, no hay prisa. Ya iremos. Esta tarde, mañana... El instinto de conservación se defendía como podía e intentaba aplazar el cásting donde uno se lo jugaba todo.

Natalia, mis hijos, Toni y Álvaro (estaban todos comiendo en casa) reaccionaron con eficacia y, cuando quise darme cuenta, ya estábamos camino del hospital.

Durante el trayecto, unos veinte minutos, no pronuncié una sola palabra.

Hay momentos que se recuerdan más que otros. Instantes que se nos quedan grabados de manera intensa en la memoria, mientras otros que parecían muy intensos pierden brillo con el tiempo.

Cada segundo, desde el traslado de mi casa al hospital, debió de ser para mí de una intensidad mayúscula. Me imaginaba al soldado al que suben a un camión y lo llevan a las trincheras para emprender un combate. Esa mezcla de cosquilleo, de miedo —el valor es la superación del miedo, el llegar a no sentirlo—, de suposiciones macabras, ¿por qué no?, de recuerdos de tu vida, se deben de agolpar, mientras el camión traquetea y ves por el camino tanques destrozados, negras huellas de bombardeos, casas de campo destruidas, y los rostros serios de los compañeros pensando en las mismas cosas que tú. Yo no llevaba compañeros que fueran a entrar en la batalla. Estaba mi familia acompañándome, y no podía ver el paisaje a través de los cristales ahumados del coche. Pero ya sabía que en el exterior no había tanques destruidos ni casas bombardeadas. Mis tanques eran esas noticias de los rechazos, de los fracasos de intervenciones, esas sospechas que revolotean sin parar. Pero también la enorme alegría de la liberación. Yo no había perdido la fe ni en los momentos más bajos. No es una petulancia: es una realidad. He llorado, he sufrido, me he preguntado, como todos los enfermos del mundo, ¿por qué yo?, pero no he perdido la convicción de que habría un día en que mis terribles noches y mis no muy brillantes días se terminarían y se abriría una nueva etapa.

Claro que las vísperas son siempre mas largas de lo que aparecen en las películas. Hay que cumplir los protocolos, y no se trata de una operación de apendicitis o de la extracción de una muela, es decir, hay que hacer análisis, conocer las constantes cardíacas, en fin, asegurarse de que el enfermo va a soportar una larga y complicada intervención.

Esos prólogos son muy propicios a los vaivenes, pero tampoco te dejan parar. «Alargue el brazo», «cierre el puño», «colóquese hacia abajo», «tome esto», «venga aquí».

Yo ya estaba domesticado. Durante la mayor parte de mi vida he sentido aversión a los hospitales. No me gustaban. Si algún amigo pasaba por allí prefería aguardar a que saliera para visitarle en su casa. En el lenguaje coloquial de los jóvenes, diría que me despertaban mal rollo. Los colores blancos, los olores, el ir y venir del personal sanitario, la arquitectura interior. Estar dentro de un hospital es como estar dentro de un gran aeropuerto. Puede ser un aeropuerto de América o de Asia o de Europa, pero el interior, los paneles, los mostradores, todo tiene un aire tan familiar como impersonal. El interior de las grandes clínicas también es semejante, los uniformes también son parecidos. Debía de sospechar, tiempo atrás, que entrar en un hospital no debía de dar buena suerte. He hablado con personas a las que les ocurría o les ocurre lo mismo.

Viajé a Londres con Natalia unos días para ver teatro, mi pasatiempo preferido. Despacito, empezaba a hacer una vida normal. Despacito…

El 10 de junio recibí una gran alegría en la Universidad de Alcalá de Henares. Me hicieron miembro de honor del Claustro Universitario de las Artes. Detrás, Georges Moustaki, también premiado ese día.

Ibiza, julio de 2003, con Natalia y mi hijo Manuel, recuperándome al sol y ya estudiando mi primer disco después del trasplante.

En Ibiza.

En Ibiza.

Con mi queridísima amiga Juana Biarnés (mi fotógrafa excepcional en muchos momentos de mi carrera y de mi vida). Ahora tiene un fantástico restaurante en Ibiza.

Hago el pregón de Linares el día 27 de agosto. Son las fiestas de mi tierra. Lo hago desde el balcón del Ayuntamiento. (© Pedro Pizarro)

Durante el pregón, acompañado por Natalia y mi amigo Juan Fernández, alcalde de Linares. (© Pedro Pizarro)

Encendiendo la feria, acompañado de Natalia, Juan Fernández, y mi hijo Manuel.
(© Pedro Pizarro)

También en la feria ese mismo día, con Jacobo y Manuel, mi secretaria, Alicia McCarty, y rodeado de mis paisanos. (© Pedro Pizarro)

En la rueda de prensa, presentando mi primer disco después del trasplante, *De Vuelta,* en la Sociedad General de Autores en Madrid. (© Euroimagen)

Día 26 de septiembre. Vuelvo a mi «vida normal» a los 5 meses y 26 días: cuatro conciertos en el teatro en el que di el primer concierto de mi vida en el año 1965. Después de tantos años regreso al mismo teatro para dar los primeros conciertos de mi NUEVA VIDA. En la imagen, el Teatro de La Zarzuela en el momento «mágico» de estar todo a punto para dar la entrada al público. (© Iván Hidalgo)

Ya en acción. (© Iván Hidalgo)

Dos momentos de la noche maravillosa de mi vuelta. (© Iván Hidalgo)

Con Carmen Sevilla, en mi camerino, después del debut. (© Iván Hidalgo)

Con José María Pou. (© Iván Hidalgo)

Con María Jesús Valdés. (© Iván Hidalgo)

Con la entonces ministra de Cultura, Pilar del Castillo. (© Iván Hidalgo)

Con mi queridísimo Antonio Mingote. (© Iván Hidalgo)

Al terminar en Madrid, empiezo una gira de conciertos por varios países. En la imagen, en mi adorado México. (© F. Víctor Abreu)

México. Yo ya me sentía como pez en el agua. (© F. Víctor Abreu)

Sigue la maravillosa gira. En Nueva York, en mi camerino durante tantos años del Carnegie Hall.

Foto en Puerto Rico dentro de esa misma gira, con mis coros, mis músicos, mis amigos:
Sagrario, Nacho, David, Javier, Natalia, Víctor y Raúl.

Regreso a casa en diciembre y paso unos días al invierno de Biarritz, que tanto me gusta.

Natalia y yo.

En el caserío de los Arriazu con Paco Gordillo, mánager y amigo mío en todos mis primeros tiempos. Seguimos conservando nuestro grandísimo cariño y amistad a lo largo de tantos años.

Regreso a Madrid, regreso a TVE, a la grabación de mi especial de Navidad, justo al año del comienzo de este relato. Vuelvo a la televisión. Qué diferente era ya todo para mí… Habían pasado sólo 9 meses de mi trasplante. Qué bonito era todo. En la foto, con Jacobo y Manuel en el camerino del plató.

Navidad de 2003, cuidándome. Tengo toda una vida por delante.

Puede que, en el fondo, sea esa aversión que tenemos a la enfermedad, a su presencia, como si nos molestara que nos recordaran que la salud es un bien frágil.

Ya no me sucede. Ahora, cuando voy a una revisión y entro en el hospital, siento una especie de paz interior. Si antes sentía rechazo, ahora me producen la sensación de encontrarme en un lugar donde voy a estar protegido, donde nada malo puede sucederme.

Es probable que este giro, este cambio espectacular, se produjera precisamente «el día H».

Pero volvamos a la selección de la memoria, porque me acabo de perder. Decía unas líneas más arriba que con todo lo intensos que son esos momentos hay unos que se quedan más grabados que otros. Le sucede a todo el mundo. El día de la boda, por ejemplo, es un día muy importante, donde estás bastante atento a todo lo que ocurre, porque, además, eres uno de los protagonistas. Y, pasados los años, resulta curioso que se te haya quedado grabado un detalle nimio, pueril, que no tiene importancia y, sin embargo, se hayan desdibujado otros segundos que se supone que eran el meollo del asunto.

Recuerdo perfectamente que, mientras me estaban explicando lo que me iban a hacer, no creo que porque yo tuviera curiosidad, sino más bien para tranquilizarme, para darle al acto un aire normal, como si quisieran hacerme ver que esto de extraer una pieza y poner otra se trataba de algo rutinario, en ese momento, yo le estaba preguntando a mi secretaria si había llamado a Michael Grade para ver si tenía los derechos de *Promises, promises.* Al mismo tiempo que me hablaban, pasaba por mi mente la historia de mi vida. Me vi de niño. Me vi en el escenario. Me vi casándome. Y veía a mis hijos uno a uno. Y, sobre todo, veía a mi madre sonriéndome en diferentes momentos de mi adolescencia.

Y, de pronto, me escucho preguntar a mi secretaria...

Tampoco estaba loco. Puede parecer extravagante y lo es, pero en realidad quería afirmarme que todo iba a salir bien, y una de las maneras de escaparme de la zozobra era seguirles el juego y corroborar con mi actitud que, efectivamente, estábamos cumpliendo un trámite y que, una vez pasado el trámite, todo seguiría su curso normal y yo despacharía con mi secretaria sobre los derechos de esto o de lo otro, y montaría un musical y grabaría un disco y... Pero yo era consciente de que aquello era muy serio. No es un automóvil, que lo paras, le quitas la batería, le pones otra nueva y sabes que va a arrancar a la primera.

Miraba de un lado a otro de la cama a los míos, uno a uno, a todos. Y ellos me miraban con esa cara tan especial, medio sonrientes, tensos, impotentes. Extendía mis manos, nos tocábamos, no se decía nada. De vez en cuando, «verás que todo va a salir bien», y me apretaban las manos y yo ya no tenía ni lágrimas para aliviarme. «No me dejéis solo.» Estaba seco, estaba... aterrorizado y paralizado por la emoción, y deseando acabar. Que se acabe todo, ¡por Dios!

«¿Has llamado a Michael Grade?»

Y si yo hacía esas preguntas aparentemente extemporáneas era porque estaba consciente de que la parte primera, con todas las dificultades que lleva consigo, no tenía mayores problemas. Quitarme mi hígado maltrecho y ponerme otro era algo que sabían hacer muy bien quienes estaban al cargo de ello. Pero existe siempre un factor misterioso, que va más allá de la sabiduría de los médicos: el rechazo. A veces, el cuerpo, tu propio cuerpo, no se siente a gusto con las reformas que se han llevado a cabo, porque son muy profundas o por lo que sea, y se desajusta todo el mecanismo. Es como un reloj delicado que funciona mal, y le cambias la pieza que va mal, y puede ocurrir que se active con la misma precisión que antes; o puede ocurrir que se produzcan una cadena de desajustes que conviertan al reloj en un aparato inservible. ¿Qué pasaría cuando, después de desenchufarme, me pusieran en marcha con la nueva pieza?

Y mientras yo me hacía interiormente esas preguntas, y exteriormente parecía un despreocupado hombre del espectáculo preparando nuevos proyectos, en ese túnel donde ves techos y las caras de los que te acompañan desde abajo, con la barbilla en primer plano, vi al fondo al Dr. Enrique Moreno. Los enfermeros empujaban la camilla, mi familia me escoltaba y, al fondo, estaba Enrique. Y esa visión me produjo confianza.

En ese momento, yo era una más de las miles de personas que entran en un mundo totalmente mágico, liberador, apasionado y apasionante, en una atmósfera envolvente a la que no estás acostumbrado, que no habías vivido antes. Todo empieza a tener un halo misterioso y agridulce. Por un lado, el inmenso trauma que significa lo que está a punto de suceder y por otro lado, la inmensa calma que repentinamente sientes, el total abandono, maravilloso abandono al entregarte a un equipo de personas que sientes que te están queriendo tremendamente, que te están protegiendo desde el momento en que te cruzan en la camilla por la salvadora puerta de ese quirófano regalavidas. Todas las manos que sientes que te tocan, las voces sublimes que empiezas a escuchar de las enfermeras y doctores especialistas que te van a ir conduciendo a un nuevo mundo, a una nueva vida, con las más enternecedoras palabras que jamás escuchaste antes.

Les iba mirando uno a uno. Me sonreían. Jamás había experimentado un sentimiento igual. Era todo tan especial... Nunca me había sentido así, tan protegido, en tan indescriptible calma.

Me abandoné en las manos de todos ellos.

Los sedantes que me habían administrado debieron de hacer su efecto, porque ya no recuerdo nada más.

XVIII

LA VUELTA

Lo primero que vi al abrir mis ojos fueron los ojos de mi hijo Jacobo. No hay paisaje más hermoso que los ojos de tu hijo. Nada.

Natalia es delicada, sutil, y decidió que, si sólo podía entrar una persona, entrara el mayor de nuestros hijos.

Tenía derecho a entrar ella. Y era lógico hasta cierto punto. Pero Natalia es una mujer extraordinaria, de una gran sensibilidad, y sabía que encontrarme con alguno de mis hijos sería lo más emocionante para mí.

Natalia es para mí la mujer perfecta en todos los sentidos. Leal, sincera, amiga, confidente... y esposa. Y me conoce.

Por eso, lo primero que vi al abrir mis ojos fueron los de mi hijo Jacobo.

Ha pasado ya bastante tiempo, pero me emociono profundamente al recordarlo. Me estremece. Me sacude. Me dan ganas de llorar. Llorar de felicidad.

No sé qué sintió Lázaro cuando volvió a la vida. Había, al parecer, por allí mucha gente, según cuentan los evangelios. Pero en la habitación donde yo percibí que había resucitado sólo estábamos mi hijo y yo, y sus ojos clavados en los míos me dieron la bienvenida en la intimidad.

No me atrevo a explicarlo. Los sentimientos más hondos son los que resultan más difíciles de explicar. La alegría inmensa, el regocijo de volver a disfrutar de la compañía de mis hijos, la satisfacción de volver a abrir los ojos, cuando no sabes si tu despedida será definitiva, se mezclaban con un dulce agradecimiento extenso y universal: a los médicos, a los donantes, a todo el mundo. Hay unas telefonistas, cuyo nombre ni siquiera conoceré, que también ayudaron a que llegara esa pieza de recambio para que yo pudiera seguir viviendo, para que pudiera contemplar los ojos de mi hijo Jacobo.

¿Cómo lograr expresarlo? Si nos ponemos contentos al enterarnos de que nos ha caído un premio de la lotería, aunque sea una pequeña cantidad... Si nos alegramos cuando nos anuncian la visita de unos buenos amigos que hace un par de años que no hemos visto... Si nos ilusionamos por la perspectiva de un viaje que hemos elegido y vamos a emprender, ¿cuál es la intensidad de nuestra felicidad al comprobar que hemos vuelto a vivir y que volveremos a disfrutar de la compañía de nuestros hijos? ¿Quién se atreve a poner eso en palabras, colocarle adjetivos, si es lo más grande que jamás te ocurrirá?

Al despertarme, lo primero que vi fueron los ojos de Jacobo.

Me había marchado a un lugar en el que no se garantizaba el billete de regreso, y allí estaba la mirada de mi hijo para decirme que la primera etapa, la más dura, la más peligrosa, ya había pasado. Y podía hacer lo que hace la gente que vive. Regocijarme de sentirme otra vez en este mundo. Y llorar. De agradecimiento. De felicidad.

El milagro de mi nueva vida se había producido. El increíble acontecimiento para mí, y para toda mi familia, de mi vuelta a este mundo se había hecho maravillosa realidad entre la tarde y la madrugada del día 1 de abril. Pasé mis primeros trece días del ansiado retorno entre la UVI, la UCI y una habitación de la cuarta planta del hospital. Siempre durante ese largísimo proceso (para mí) estuve atendido, yo diría protegido, por verdaderos ángeles de la guarda de un paraíso recién estrenado.

Pasas de unos a otros con tan enorme confianza y seguridad... Te enseñan (al igual que hicieron tus padres) las primeras cosas que debes aprender, que en este caso no son ni andar ni hablar, pero sí son lo que tiene más importancia para una persona recién trasplantada en esos días. Te enseñan a respirar, a regular todos tus actos... Vigilan tu recién estrenada vida al máximo, con todo el celo y pasión que estos maravillosos guardianes de tu salud saben poner. Doctores, enfermeros y enfermeras que te devuelven tu autoestima y la confianza en ti mismo.

Lo primero que vi al abrir los ojos fueron los ojos de mi hijo Jacobo. Ya sé que lo he dicho antes. Pero es el comienzo de mi retorno, el primer día del resto de mi vida.

XIX

MIS HIJOS

Natalia es la seriedad, la seguridad. Mis hijos... Yo estoy enamorado de mis hijos. No encuentro otra expresión.

Desde el principio, Natalia y yo tuvimos mucho cuidado de que mi vida profesional, mi proyección pública, no trastornara la vida de los chicos.

Cada padre y cada madre hace lo que cree más conveniente y nosotros siempre tuvimos muy claro que teníamos derecho a una vida familiar íntima, y que el espectáculo lo daba yo en el escenario, pero nadie más.

Y así hemos ido creciendo, una familia que viaja junta, que es tribal en el sentido más noble del término, sin que ello signifique que nos vayamos a inmiscuir en los ámbitos íntimos y personales de cada cual.

En primer lugar, mis hijos, a pesar de tener a dos ya casados y con prole, son «mis chicos». Crecen, cumplen años como todo el mundo —no iban a ser una excepción— y se van haciendo mayores, pero son mis chicos. Y ellos me lo permiten.

Jacobo, Alejandra y Manuel son el tesoro que no se agota y crece cada día. Me conozco sus defectos, que los tienen, como todo el mundo, pero poseen una gran bondad. Y para mí eso es lo más importante. ¿Que son listos? Estupendo. ¿Que son inteligentes? Muy bien. Pero sobre todo son buena gente. Les desborda la bondad, y se refleja en sus ojos.

Cuando trabajo, cuando canto, mi mejor reflejo son los ojos de mis hijos. Los voy buscando. En los grandes estrenos ellos no están nunca por el patio de butacas. Se desparraman por ahí, por algún palco. Y yo voy buscando su mirada.

Y cuando ellos me miran me siento protegido, querido. Es una sensación tan placentera que aunque pueda parecer contradictorio, y espero que se entienda, más que mis hijos parecen mis padres, por esa percepción de bondad y de cariño.

Si siempre me ha llegado su amor, desde niños y en circunstancias normales, ¡qué no habrá ocurrido en las circunstancias que hemos pasado! Ahí estuvieron dando todo lo que podían. Dispuestos a darme parte de su cuerpo si hubiera sido posible.

Ya supongo que todos los padres dirán lo mismo. Pero no puedo evitarlo. Y los deseos de volver a vivir me los agrandaba el afán de seguir estando con mis hijos.

No he ejercido mucho de padre mientras eran bebés. A mí los chicos me han vuelto loco cuando dicen «papá», o les escucho los primeros tacos, «coño», «joder», que yo censuraba, claro, con la expresión de un maestro exigente y disgustado, pero que, a la vez, me provocaban ganas de sonreír.

No es sencillo actuar de padre cuando te dedicas al mundo del espectáculo. Las giras, los viajes, te mantienen alejado de casa. Pero en eso también coincidimos Natalia y yo, y procuramos que la familia salvara esos escollos. ¿Que tenía que hacer una larga temporada en México? Pues nos íbamos a vivir a México y los chicos hacían allí el curso escolar. ¿Que tenía que estar a caballo entre Estados Unidos y América? Pues nos íbamos a vivir a Miami, y los chicos estudiaban en un colegio de Miami. Natalia me inculcó eso desde el principio y lo hemos cumplido.

Incluso ahora, por ejemplo, estoy actuando en Chile, a miles de kilómetros de distancia, con una diferencia horaria brutal, pero yo calculo, aunque esté anocheciendo donde yo me encuentro, si en mi casa es la hora de comer, y llamo, y pregunto qué están comiendo, que es una manera de estar presente, y de que ellos me hagan compañía aunque estén tan lejos. Puede parecer una tontería hablar de lentejas o de patatas o de merluza, pero esos detalles domésticos los asocio a otras comidas, a otras reuniones, y se me llena el cerebro del comedor de mi casa, y de esa manera es como si me sentara a la mesa con ellos.

Cada etapa tiene su interés, sus satisfacciones. Por ejemplo, al llegar el periodo en el que afirman su criterio y un buen día te sueltan: «Pues eso que hiciste ayer les gustará mucho a tus fans, pero a mí no me gusta». Y ahí vas notando que, aunque sean tus chicos, están creciendo por fuera y por dentro, se están convirtiendo en adultos. Ni siquiera te asombra, porque es un proceso natural al que asistes como se asiste al crecimiento de un árbol. Un día, de repente, te das cuenta de que el árbol te proporciona sombra, y es una comprobación de que ha crecido, pero no es una sorpresa.

E incluso llega un día, como llegó, en que coges a tu hijo mayor y le tienes que decir: «Jacobo, sucede que…». Y le tienes que contar algo que nunca supusiste que le ibas a tener que contar, porque no es un cuento, sino una dramática amenaza que ya no puedes ocultar por más tiempo. Ése es el único momento malo, y no era culpa de mis hijos.

Y mis hijos, Jacobo y Alejandra, han tenido hijos con Toni y con Álvaro. Yo no les llamo nietos. Les llamo «los chicos pequeños» para distinguirlos de «los chicos», que son mis hijos.

XX

EL RETORNO DEL VALOR DE LA VIDA

Vivir es maravilloso. Sin embargo, estamos tan preocupados por las cosas de la vida que nos olvidamos de que estamos viviendo.

A mí me ha sucedido.

Conozco personas que han tenido un susto mortal, que han salido indemnes de un vehículo al que la compañía de seguros declaró como siniestro total. Salieron vivos de ese montón de chatarra por una casualidad. O por eso que llamamos milagro. Y durante algún tiempo la experiencia les sirvió, y valoraron de otra manera las cosas que tenemos a nuestro alcance. Tasaban en lo que vale esto que es la vida.

Por algún tiempo. Luego se les olvida.

Dicen que los seres humanos somos olvidadizos, y que por eso solemos tropezar en la misma piedra, sin acordarnos de que de las equivocaciones podemos adquirir experiencia para ocasiones próximas.

Puede que yo haya tropezado varias veces en las mismas e idénticas piedras, pero desde que abrí los ojos y me di cuenta de que me habían concedido el billete de vuelta, valoro la vida como no lo había hecho antes.

Porque no se me puede olvidar.

Parece una frase muy rotunda eso de que «no se me puede olvidar», pero ni siquiera es mérito mío, sino de las circunstancias que me rodean.

Cada día, al levantarme, aunque no tenga enfrente los ojos de mi hijo Jacobo, soy consciente de que éste es un día más que me han regalado. Cuando me tropiezo con personas que andan malhumoradas por detalles tontos, que están tristes por nimiedades, que se les ve apagados por alguna contrariedad de esas que no tienen ninguna importancia, me darían ganas de poder decirles..., no, de poder gritarles la suerte que tienen de estar vivos y sanos, de poder respirar sin dificultad y sin ahogos; de poder mirar la tercera dimensión, la profundidad, sin dificultades en los ojos; de poder comer lo que les pongan o lo que les guste, sin necesidad de seguir un estricto régimen, y sobre todo, de tener la seguridad de que al día siguiente se van a despertar y van a poder ver a sus hijos, a sus padres, a su novia, a su marido... La suerte que tienen de que una persona con mirada seria, embutida en una bata blanca, muy a su pesar, no les haya dicho que les quedan ocho meses de vida, diez con suerte, algo menos si las cosas se complican.

Cuando la gente se enfada y se trastorna y es infeliz, porque no le ha llegado un envío que esperaba, porque el vestido que se ha probado hace unas arrugas, porque el corte de pelo no ha quedado como esperaba, porque el amigo llega demasiado tarde a la cita, o porque se ha estropeado una venta que iba a ser beneficiosa..., es decir, cuando suceden esas tonterías que constituyen el noventa y nueve por ciento de las causas de nuestra infelicidad y de nuestra desgracia, habría que recordarles, que recordarnos a todos, que esto es un momento fugaz, que son mucho más abundantes los motivos de satisfacción que los de desagrado y que la vida es demasiado breve para pasárnosla preocupados por insignificancias.

Estoy convencido de que la mayoría de las veces que nos disgustamos, porque creemos que nos han perjudicado de una manera terrible —cuando hasta estas reflexiones serían rechazadas—, si tuviéramos la paciencia de escribir la causa de ese tremendo disgusto en un cuaderno y lo guardáramos durante un año y, al año siguiente, leyéramos la descripción del disgusto, ni nos parecería tremendo, ni nos alcanzaría a explicarnos la intensidad de tanta pesadumbre como parece desprenderse de lo leído.

Ya sé que es muy difícil. Pero si os vale la palabra de un resucitado, no perdáis tiempo en trivialidades enfadosas. No se es más responsable porque menudeen los cabreos, ni se es más serio y profesional porque la exigencia del trabajo bien hecho vaya acompañada de malhumor y desesperación ante las contrariedades.

A esas personas que tienen planificada una excursión campestre para el fin de semana y el proyecto se les estropea porque viene una borrasca y se sienten desgraciados, como si hubiese una conspiración universal para que sean desdichados, como si los servicios de meteorología se hubieran aliado para malograrles la excursión, habría que exponerles algunas cuestiones para que sofocaran su inútil disgusto.

Puede que algunas personas piensen que estas consideraciones son vulgaridades. Desde luego, no son, ni pretenden ser, originales. Ni es la primera vez que se exponen. Y tienen la tradición de lo repetido. Pero vivimos en una sociedad en que la repetición es casi obligatoria para hacer llegar los mensajes. Nos hemos acostumbrado a la repetición publicitaria y hemos llegado a creer que lo que no se repite no tiene categoría. Por eso no me importa repetirlo. Y porque creo que es cierto que dañamos nuestra existencia con menudencias a las que concedemos la categoría de trascendentales. Está en nuestra naturaleza. Como también nos corresponde la carga de ser contradictorios, predicar y pensar de una manera y actuar de forma contraria.

Pero no es ahora mi caso.

He dicho que tengo una ayuda, y esa ayuda que me exalta y me estimula a disfrutar de la vida también me hace padecer un poco.

Ya he hablado antes de los fantasmas. Bueno, pues los fantasmas están ahí y, de vez en cuando, revolotean, te molestan. Te obligan a preocuparte. Ahora bien, de la misma manera que te inquietan por las noches también te empujan a que recibas el nuevo día con todos los honores. ¡Un día más! El billete de regreso sigue prorrogando la existencia. Y un día más supone un día más que podrás estar con tus hijos, un día más sobre el escenario, un día más. Hay mariposas que viven sólo un día. En esas veinticuatro horas pasan de capullo a mariposa, y mueren. Si la mariposa se enfadara porque no puede libar, porque hace demasiado viento, o por algunas de las muchas cosas que pueden suceder ese día, se pasaría la mayor parte de su vida sumida en la desdicha.

Todos vivimos peligrosamente, sin que lo sepamos. No es necesario que conduzcamos un potente automóvil de fórmula uno, o que demos volteretas en un trapecio, o que desactivemos bombas o que tengamos que acudir a rescatar personas atrapadas por las llamas. Planificamos el futuro, como si el futuro se acomodara a nuestras directrices, y lo hacemos convencidos de ser los dueños del destino. Y, no obstante, basta cualquier pequeño detalle, desde llegar tarde a la parada del autobús hasta un simple catarro, o que nos acomodemos en un automóvil en este o en aquel asiento, para que el destino que creíamos organizado dé un cambio tan terrible como inesperado.

He leído que, en España, cada año, mueren unas cuatro personas porque les ha caído un rayo. La posibilidad de morirte por un rayo es muy escasa. Si vivimos 40 millones de personas, tenemos una posibilidad entre 9.999.999 de que nos suceda eso de que «nos parta un rayo». Es mucho más fácil acertar una quiniela o que te caiga el primer premio de la lotería que morir a consecuencia de un rayo. Pero cada año hay cuatro personas que, de repente, sin saberlo, ¡zas!, les cae un rayo desde el cielo y los mata. Y sus familiares, sus sorprendidos parientes, sus dolidos hijos o padres, se quedan tan doloridos como estupefactos porque también a ellos les alcanza el rayo y les trastoca sus planes.

Todos vivimos peligrosamente porque hay muchos rayos que nos pueden caer encima. Desde un accidente automovilístico hasta una enfermedad, desde una caída inesperada hasta un desvanecimiento en una piscina.

Como tenemos planificado el futuro y estamos convencidos de que las cosas sucederán tal como las hemos proyectado, pensamos que los rayos, los diferentes rayos que, de repente, cambian la vida, les caen siempre a los demás. Los hijos se les ahogan a los demás. Los padres que mueren jóvenes es algo que les sucede a los otros. La enfermedad es una desgracia que le ocurre a la gente, pero que no va a alterar nuestro futuro, porque nosotros somos seres normales a los que no les va a ocurrir ninguna desgracia extraordinaria, como si dispusiéramos de un pararrayos que sirve de protección para todo.

Porque también debemos contar con los rayos internos.

Esos no bajan del cielo, no están en las aguas, ni en los precipicios, ni en las carreteras. Están en nuestro interior.

Son unos rayos silenciosos, de actuación lenta, y precisamente por eso mucho más peligrosos, porque no alarman. Los que alarman, los que producen fiebre y vómitos en sus primeras manifestaciones son rayos nobles que con su aparición brusca permiten la búsqueda de remedios eficaces. He aprendido de los médicos que la fiebre en sí no es mala. La fiebre avisa de que algo funciona mal, y es como si se activara una sirena para llamar la atención y reclamara que se repare el desajuste.

Los temibles son los otros. Los que no tienen prisa. Los que hurgan con paciencia y cuidado en el interior de nuestro cuerpo, y van socavando este órgano o aquel otro, el que hayan elegido, pero con tanta lentitud que tú no te das cuenta hasta que ya es demasiado tarde o es muy difícil el remedio.

Ese rayo interior está ahí, agazapado, como un caballo de Troya. Y a lo mejor los del interior del caballo se quedan dormidos y no salen. O a lo peor, se ponen en marcha con ese sigilo de resultados horrorosos.

Ese rayo interior, el rayo de la enfermedad, puede desprenderse en cualquier momento. Y no lo digo como una amenaza o con la intención de angustiar, no. Lo expreso y lo recuerdo precisamente para que no perdamos el tiempo en absurdos enfados cuando tenemos la suerte, la inmensa suerte, de que estamos sanos, o al menos lo creemos.

No es mi propósito intranquilizar a nadie cada vez que se monta en un automóvil o se baña en la playa o pasea por el campo. ¡Qué va! Ésos son placeres que debemos disfrutar y tenemos todo el derecho a disfrutarlos. Lo que me gustaría transmitir es que, precisamente, porque la vida es maravillosa, aprendiéramos a apreciarla en cada uno de sus minutos, de sus segundos. Que no fuéramos tan inconscientes de estar obsesionados por lo que vamos a organizar mañana, porque el hoy es irrepetible.

Desde que he vuelto, me apena mucho ver a personas que tienen todo el derecho a disfrutar de la parcela de felicidad que les corresponde enfurruñadas por asuntos que merecen atención, sí, pero que no merecen que nos convirtamos en unos gruñones.

Esto no quiere decir que no luchemos, que no empujemos, que no insistamos en lograr aquello que nos hemos propuesto, pues claro, sino que no nos desgastemos en aspectos superficiales que no tienen nada que ver con las grandes motivaciones.

Me parece que lo he dicho antes, pero no me importa repetirlo. Cuando me encuentro con gente que me explica los errores cometidos por otros, y cómo eso me puede perjudicar, y esperan que yo reaccione encolerizado y lleno de ira, les desencanta mucho que les responda: «¿Y...?». Se quedan desconcertados. Han venido como si la reacción normal fuera que abriéramos el baúl con los rifles y saliéramos de casa dispuestos a matar a los culpables, como en una película del oeste. «¿Y...?», les digo. Procuremos enmendar los errores, advirtamos a quien los cometió que ponga más atención en las ocasiones próximas, apartémosle de ese asunto si tememos que vuelva a repetirse, pero no voy a permitir que eso me haga sentirme desgraciado, porque no soy desgraciado, soy un hombre feliz que canta y que puede ver a su mujer y a sus hijos.

No se trata de una observación personal mía, sino de algo que constato con mis amigos cuando comentamos el medio social que nos rodea. ¿Se han dado cuenta de lo irritables que nos hemos vuelto? A mí no me gusta conducir, me gusta que me lleven, pero soy viajero de automóvil. Hay conductores más torpes que otros, como en cualquier actividad humana, pero errores los cometemos todos. Dicen que hasta el mejor escribano emborrona el papel, y por muy habilidoso que sea un automovilista llega un día en que hace una maniobra que obliga a un frenazo brusco o comete una equivocación, o adelanta por el lado derecho, o gira impensadamente. Hablo de incidentes que no producen daños materiales, ni mucho menos personales. Ni siquiera un rasguño en la carrocería. Sólo un susto y la constatación de que el otro se ha equivocado. ¿Han observado ustedes algunas reacciones? He contemplado los bocinazos de protesta y he visto la expresión crispada y colérica de personas que, de no estar en una vía céntrica, temo que hubieran bajado de su vehículo con la intención de asesinar allí mismo al infractor por el crimen cometido. Resulta espeluznante.

Me imagino a esa persona tan airada y fuera de sí con poder para decidir sobre la suerte de mi familia o de mí, y me estremezco. Si yo estuviera bajo las órdenes de uno de esos tipos, ¿qué haría él si me pongo a cantar y me equivoco en una nota? ¿Ordenaría mi fusilamiento? Hablo del tráfico, que es un asunto bastante común y conocido, pero me podría referir a cualquier aspecto de la vida cotidiana.

Yo, que soy un hombre tan de familia, he oído historias espeluznantes de batallas familiares. De suegras, de yernos, de sobrinos y tías, pero también de hijos y padres. Discusiones acaloradas que terminan porque dejan de hablarse. ¿Cómo puede un hijo dejar de hablar a sus padres? Luego, resulta que el origen del altercado es una tontería. Casi siempre son tonterías. Puede haber casos, qué sé yo, esos padres monstruosos que intentan violar a una hija, que los hay, pero en la inmensa mayoría de estas batallas puede que el origen sea una comida con un exceso de sal, y de ahí se han calentado las bocas y han salido insultos e improperios que ninguno de los participantes de la disputa está dispuesto a olvidar. ¡Qué triste! A veces, en los hoteles, he observado de pasada a algunos energúmenos echándole una gran bronca a un camarero o a un recepcionista por una tontería.

¿Y qué me dicen de los amigos discutiendo y enfadándose por las preferencias de uno u otro partido político? Me parece tan absurdo como si se rompiera una amistad por las diferentes preferencias sobre dos equipos de fútbol rivales.

Vivimos más irritados, más tensos. Puede que nos rodeen presiones muy variadas: las económicas, las profesionales, la falta de tiempo, la estructura de la vida familiar más desperdigada... Pero precisamente por ello deberíamos ser conscientes de esa posibilidad y evitar que esas dificultades, encima, nos estropeen el humor.

Uno de los aspectos positivos de la experiencia que he pasado ha sido devolverme el sentido del valor de la vida.

Yo creía que era feliz, pero era un feliz inconsciente. Era feliz..., ¿cómo decirlo? Feliz en la ignorancia, feliz sin saber muy bien qué es ser absoluta y conscientemente feliz. Ahora soy feliz de otra manera. Consciente. Siento que puedo tocar todos los días mi propia felicidad. Siento cómo vive en mí. La respiro. Y se me nota. Y lo notan los demás.

Ser feliz, con plena conciencia, es despertarte del largo viaje y ver los ojos de tu hijo. Y conocer que cada día es irrepetible, aunque sucedan cosas muy parecidas a las de ayer y muy semejantes a las de mañana. No importa. Ese día es irrepetible, y no volverá, porque cada día es como el ejemplar del periódico del día, que no sólo cambia la fecha, sino que cambia el matiz de lo contenido, aunque muchas de las noticias se parezcan.

Y, si se me olvida, si cometiera la imprudencia de caer en el pecado que estoy criticando, como esas personas que, pasado un tiempo, se olvidaron de que pudieron quedarse para siempre entre la chapa retorcida de un automóvil, me salvan mis guardianes.

Esto de vivir asumiendo que estás en el partido de prórroga te ofrece muchas ventajas, y mis guardianes son, por ejemplo, las revisiones. Si yo fuera uno de esos inconscientes a los que acuso, ahí está la fecha de la revisión para comprobar que todo sigue funcionando como debe, para recordarme que nada es eterno. Y es inquietante, claro, porque es como si te examinaras periódicamente de una asignatura en la que nunca te van a dar el aprobado definitivo, pero también te ayuda a disfrutar con intensidad.

Ese día que sales de la revisión, y te han comunicado que todo está correcto, ves el sol espectacular, maravilloso. Y si está nublado, ves las nubes como si fuera el decorado más maravilloso que se podría imaginar para un grandioso y gigantesco espectáculo. Y si está lloviendo, te contentas de esta maravilla del ciclo del agua, que vuelve a la tierra, que riega las plantas, que limpia la atmósfera, y que nos permite la vida, porque sin agua no hay vida.

No quiero dramatizar, pero por intentar poner un ejemplo, diría que todos los seres que vivimos somos unos condenados a muerte. Y unos son conscientes y otros no. Y los que son conscientes, al amanecer el día, al comprobar que no ha habido ninguna ejecución que les incumba, salen a la calle felices, van a trabajar contentos y alborozados.

Además del guardián de las revisiones, tengo un centinela permanente que se pone en marcha ante cualquier distorsión. Unas décimas de fiebre, pongo por caso, no son algo que se pueda despachar con una aspirina, porque yo no puedo tomar aspirinas. Un leve enfriamiento requiere una cuidadosa organización de remedios que no contengan determinados medicamentos, porque mi hígado podría enfadarse. Pero es que, asimismo, cualquier molestia produce un pequeño susto, porque siempre temes que sea el aviso de algo peor. Si te duele una uña, a lo peor es el hígado, que no lo es, pero de momento la llamada, la consulta telefónica.

Es como vivir con una luz de gas, que de pronto te asusta, porque parece que la luz baja de intensidad, pero luego se ilumina todo de nuevo, y tienes conciencia de la luz de gas, una luz de gas maravillosa.

Así que ese momento en que nada me inquieta, y estoy con mi familia, o subo al escenario, soy uno de los hombres más felices del mundo.

Siempre había disfrutado mucho en el escenario. Creo que me encuentro tan a gusto y tan reconfortado que me gustaría tener más actuaciones de las muchas que ya tengo. Y creí que disfrutaba de ello, que siempre había sido feliz cantando.

Estaba equivocado. No es que no haya sido feliz, que lo he sido, es que ahora lo siento de una forma tan intensa, con tanta fuerza, que la satisfacción es muy superior a todo lo anterior. No podrán nunca imaginar lo tremendamente feliz que soy ahora sobre el escenario.

Y el público lo nota. Vaya que si lo nota. Siempre me ha recompensado con el cariño y con los aplausos, pero las muestras de afecto que estoy recibiendo en esta nueva etapa, las miradas que me lanzan, las ovaciones que me dedican, están también a la altura de mi nueva felicidad, como si lo comprendieran, y se complacieran en ello, y quisieran participar de lo mismo.

Por eso, me gustaría insistir hasta el aburrimiento en que las personas no malogren las parcelas de felicidad que se nos conceden con mortificaciones que no se corresponden con su importancia. Que no enturbien un buen día con quejas innecesarias y fuera de lugar. Que no estropeen las parcelas de los demás con sus impaciencias, sus exigencias groseras o su mal talante. Que no se estropeen la vida con preocupaciones excesivas. Y que no se entristezcan por logros no conseguidos, porque nunca cumplimos todos los deseos y sería estúpido envolvernos en la frustración y desaprovechar esto que llamamos vida.

No quiero convertirme en un aburrido predicador. Lo único que quiero poner de manifiesto es que recuperar el valor de la vida, su auténtico valor, me ha costado lágrimas y sufrimiento, a mí y a mis amigos y a mi familia. Pero que una vez pasado por ese calvario, me ha ofrecido el deslumbrante don de saber el valor inconmensurable de cada minuto de la existencia.

XXI

EL PEOR DÍA DE MI VIDA

Debo confesar que hubo un día en que me sentí vencido, en que consideré que todo estaba perdido, y que se derrumbaban las esperanzas.

Curiosamente, no fue antes del trasplante, sino después.

El posoperatorio fue muy bien, o al menos se cumplían las expectativas.

Recuerdo la primera vez que entró Natalia. Estaba seria y emocionada, muy emocionada. Y Vicente, que había cumplido perfectamente su misión hasta dejarme en manos del 12 de Octubre.

El personal sanitario es especial. Seguramente ellos también tienen sus problemas, sus preocupaciones, pero parece que los dejan en la taquilla cuando se ponen la bata, y que están allí sólo para ayudarte a superar las molestias, para acompañarte en el camino de la recuperación. Ese hospital que antes me producía aversión ahora lo considero como parte de mi casa.

Me dieron de alta en seguida, porque estaban convencidos de que, pasados los primeros días, sería más beneficioso para mí recuperarme en casa. Además, en casa seguía teniendo una habitación que era semejante a la del hospital, y Sonia y Justo seguirían cuidando de mí.

Salimos muy temprano, por la mañana, para evitar a los fotógrafos que hacían guardia y regresé, casi dos semanas después, a mi casa.

Es agradable volver a contemplar esos paisajes cotidianos y domésticos a los que no concedes importancia y que parecen darte la bienvenida. Ya sé que las paredes son indiferentes a quienes pasan o dejan de pasar frente a ellas y que a los muebles les da igual qué manos los usen, pero somos nosotros los que proyectamos alma a las cosas, y por eso las cosas parece que se alegran de volver a verte.

Estaba hinchado, dolorido y contento. Tenía motivos para estarlo: no sólo había llegado mi oportunidad, sino que la había superado. Pero el contento duraría muy poco.

A la tarde, al ponerme a merendar, me noté muy molesto y era que tenía fiebre.

En cualquier persona la fiebre, aun la fiebre alta, no es un especial motivo de preocupación. Pero es que a mí me acababan de trasplantar el hígado y cualquier alteración era motivo de intensa alarma.

Natalia llamó al Hospital 12 de Octubre, dijo que me había dado una fiebre alta, y le respondieron que tenían que ingresarme, que no tenía importancia, pero que me llevaran hasta allí. Si no tenía importancia, ¿por qué me debían ingresar? Si no tuviera importancia, hubieran dado unas instrucciones por teléfono. Yo estaba convencido de que eso era todo lo contrario, es decir, algo importante.

Aunque te explican mil veces antes de darte el alta que es más que probable que tengas que regresar al hospital ante la aparición de fiebre, fatiga, síntomas gripales, etc., es muy difícil, al menos lo era para mí, no sentirse aterrado ante cualquier síntoma extraño que te hace pensar en que algo no va bien.

¿Cómo es el refrán? «¡Qué poco dura la alegría en casa de los pobres!» Pues en casa de los trasplantados, no te digo.

Volvimos a realizar el viaje al 12 de Octubre, pero esta vez no era la mezcla de ansiedad, alegría, miedo e ilusión, sino que sólo quedaba el miedo y la ansiedad.

Y, al fondo, al acecho, la palabra terrible, la palabra que nadie osa pronunciar y en la que tanto el trasplantado como su familia piensan aunque no lo deseen: rechazo.

¿A qué podía deberse la fiebre? Al rechazo.

Me llevaron a la misma planta donde había estado ingresado, la 4.ª, pero para mí ya nada era igual: estaba muy angustiado.

Ellos insistían en informarme de que no era nada importante, pero seguía ingresado, e ingresado estuve dos días.

Natalia intentaba tranquilizarme y me decía «no pasa nada», con su estoicismo, pero sé que llevaba la procesión por dentro porque la conozco muy bien.

Ese día en que tuve que regresar, precisamente a las pocas horas de haberme dado de alta, fue el más amargo y en el que me derrumbé.

En *La aventura del Poseidón* hay un sacerdote que se pasa casi toda la película guiando a un grupo de pasajeros a través de ese transatlántico al que se le ha puesto el casco del revés. Y vence un problema, y otro, y otro. Ya cerca del final, en un último y postrero esfuerzo, intenta abrir una escotilla para que tengan alguna posibilidad de escapar los que le siguen. Está ya sin fuerza, y se cuelga, e increpa de alguna manera a Dios, por las numerosas pruebas que les hace pasar, y se deja caer exhausto, es decir, se deja morir, pero abriendo la posibilidad de una huida a los otros. Yo me sentía en una situación parecida. No pedía cuentas a ningún ser divino, pero creo que había cumplido con todos los escollos que me habían puesto, y que no eran pocos. Y que no había bajado la guardia, ni había perdido el espíritu de lucha ni un solo día, a pesar de la flaqueza de un par de momentos. Para lo que no me encontraba preparado era para esta segunda parte. Esto no lo tenía previsto. Acababa de librar un combate con un enemigo que no daba cuartel y, cuando ya creía que tenía la victoria en la mano, me presentaban a otro y desconocido contrincante. Demasiado para cualquiera.

Ni aun así tiré la toalla, pero esa marcha hacia atrás, a las pocas horas de creer que me daban un diploma para vivir, me desconcertó, me descolocó y fue uno de los peores días de mi vida.

Los médicos sabían muy bien lo que hacían, y lo llevaron a cabo perfectamente, y mi escuadrón de ángeles guardianes también. Volvieron a volcar en mí toda su sabiduría y su infinita paciencia para devolverme a la tranquilidad.

XXII

SEGUNDO REGRESO

A los dos días se llevó a cabo el segundo y definitivo regreso. En realidad, cada cierto tiempo tengo que ir a las revisiones (cada vez más espaciadas), y hay muchos regresos, pero ése fue especial porque supuso un antes y después.

Me abracé llorando emocionadamente al primer amigo que vino a verme a casa, porque había sido uno de los que se había sometido a las pruebas para donar un lóbulo. Y, poco a poco, día tras día, fueron viniendo muchos más. Todos los demás.

Se volvieron a repetir las reuniones de la tarde, pero ¡qué distinto ambiente!

Tan distinto que cambié el escenario de las reuniones y, en lugar de estar en mi estudio, nos reuníamos en el salón.

Entre los que vinieron a verme estaba Tito Mora, trasplantado hace más de dieciséis años, y al que encontré fantástico. Es una inyección de optimismo ver a personas como Tito, con tan buena salud después de tanto tiempo. Y la confirmación de que esto funciona, de que los avances de la medicina y la generosidad de los donantes hacen posible este milagro.

Pocas veces en mi vida me he reído tanto con los amigos que venían a verme. Estaba tan relajado, tan feliz que todo me divertía. Todo. Hasta nos reíamos de mi aspecto, hinchado después de tan tremenda intervención, tan agresiva. Estas veces lloraba pero de risa, tanto que a veces decía «parad, parad» y me ponía las manos en el abdomen, pues parecía que todo se iba a romper. Volvió mi carácter alegre. Ya había empezado a parecerme a mí mismo. Al de antes. Al de siempre.

Sospecho que casi ninguna de las decisiones que tomamos es gratuita. En la situación anterior en la que esperaba el día H, recibía a mis amigos en mi estudio, que está en el sótano, bajo tierra. Ahora, en cambio, había decidido que fuera en el salón, abierto al jardín y a la piscina. Un cambio de escenario que también tenía que ver con mi cambio de carácter, o por decirlo más afinadamente —el carácter prevalece—, que se amoldaba mejor a mis nuevos puntos de vista. Porque cambiaron muchas cosas en mí.

XXIII

EL CAMBIO

Creo que he sufrido una gran transformación. Pero las grandes transformaciones, como los grandes edificios, no aparecen de repente, sino que se construyen poco a poco, lo que no quiere decir que te cambien levemente.

No estoy hablando de una metamorfosis, pero sí de una variación considerable en muchos aspectos, incluido el vestuario.

Me gusta mucho el negro, quizá porque el negro me salvó de un gran apuro la primera vez que tuve que actuar en México.

En aquella primera ocasión me perdieron las maletas con mi vestuario. Creo que se perdieron también algunas partituras, pero recuerdo perfectamente que me encontré, a pocas horas de debutar en El Patio, sólo con la arrugada ropa que había llevado en el avión. Cambié impresiones con Paco Gordillo, que era algo más que mi representante —era y es mi amigo— y decidimos que mientras yo ensayaba con una orquesta que también había perdido otro tipo de vestuario, él me consiguiera un pantalón negro y una camisa negra. Y con un pantalón negro y una camisa negra debuté en México, no porque yo lo hubiera elegido, sino porque fue la solución de emergencia que se nos ocurrió a Paco y a mí para salir del paso. Salimos tan bien del paso que, junto con la chaqueta, se ha convertido en algo así como mi uniforme de actuación.

Pero incluso fuera del escenario visto mucho de negro. No me gusta nada el gris, me parece un color que no va conmigo, en general he huido de los colores fuertes. Pues bien, ahora me he sorprendido con prendas rojas, algo poco usual antes de ese cambio del que hablamos. Y blanco, mucho blanco.

En mi vida anterior —llamémosla así— la montaña, los caminos rurales, la naturaleza en general, me parecían cosas interesantes que podían verse desde la ventanilla de un avión, o desde el interior de un automóvil, al salir de las ciudades y enfilar una carretera. También los paisajes me parecía que quedaban muy bien en el cine y en las postales y en las fotografías, pero nunca sentí la curiosidad de andar por el campo. Y mucho menos, necesidad.

Pues bien, tras cumplir sesenta años, con mi familia, celebrándolo yo con agua mineral pero sin ningún tipo de envidia, me marché a pasar unos días a Navarra, a casa de mis amigos Santy y Daniela Arriazu.

Salí a las siete de la mañana —ningún fotógrafo a la puerta de casa— y estuve en paradero desconocido casi cinco días, hasta que vino alguien de casa, desde Madrid, le siguieron y descubrieron dónde estaba.

Esos cinco días los dedicamos a caminar por la montaña. ¡Raphael caminando por la montaña! Y descubrí un placer nuevo que hasta entonces me había negado.

Ahora mismo, al llegar a México, mis amigos me preparan excursiones agradables por sitios que ellos conocen, lugares por los que me siento muy a gusto al caminar.

Puede parecer una vulgaridad, pero es que antes de la operación si alguien me hubiera sugerido ir a pasear por un sendero o por un camino rural, me habría parecido tan extravagante como si me hubieran propuesto ir a remar, que es una de las cosas que tampoco he hecho en mi vida.

Otra de las cosas que me ha cambiado es el gusto. También es cierto que tengo que hacer de la necesidad virtud, pero me he pasado toda la vida huyendo de los helados. Estaba erróneamente convencido de que los helados me podían estropear la garganta, y es justo lo contrario. El frío, siempre que no sea excesivo ni exagerado, ayuda a las cuerdas vocales a que se mantengan relajadas.

Me han prohibido la sal. Casi podría decir que me la he prohibido yo, porque lo que me han recomendado es que apenas tome sal. Y yo he sido siempre un adorador de lo salado y lo picante, de las cosas fuertes. Me encantaban las anchoas en salmuera, por ejemplo. Y los chiles jalapeños. Y, por el contrario, no me llamaban demasiado la atención los dulces. No les encontraba gracia a las mermeladas, a los productos muy azucarados, ni he vuelto la cabeza al pasar por el escaparate de una pastelería.

El cambio me ha afectado en ese aspecto y, además de los helados, me encantan los dulces, las mermeladas, los siropes. Pienso que el dulce es muy bueno para mi hígado, le ayuda a efectuar las importantes funciones que tiene encomendadas, y a mí me gusta porque noto que le gusta a él. Quizá mi paladar se haya acostumbrado al dulce porque durante mi enfermedad me lo recomendaron.

Lo que no ha cambiado ha sido mi estricta exigencia. En eso sigo siendo la persona disciplinada de siempre, y las recomendaciones médicas las llevo a rajatabla, a veces con asombro de algunas personas que no entienden que sea tan riguroso.

Pero lo soy. Por ejemplo, yo tengo que tomar, por ahora y hasta que me la supriman, una medicación cada doce horas. Si al salir de España hacia América, con el cambio horario, el momento de tomar las pastillas coincide con que estoy en medio de un concierto, me las tomo ahí, en algún mutis, entre canción y canción, entre bastidores.

Ésa es mi prioridad.

XXIV

LA SUERTE

Me considero un hombre de suerte. De mucha suerte. Creo en la suerte y en el trabajo, pero la suerte no depende de ti y, por eso, hay que tratarla con mucho respeto.

Hace mucho tiempo me leyeron la mano y me dijeron que tendría tres hijos y una larga vida. Que a partir de los cincuenta años me encontraría en medio de un peligro muy grave, pero que lo superaría. No creo en la quiromancia, pero es lo que me dijeron.

Tampoco creo en los horóscopos y los leo. Natalia me trae el periódico y le doy una ojeada. Casi siempre te anuncian un buen día. Si no es así, bromeo con ella y le digo: «Natalia, prepárate. Hoy hay nubarrones».

Donde la suerte es una diosa es en Las Vegas.

La primera vez que estuve en Las Vegas era muy jovencillo. Fui acompañado de Pepe Escrivá, hijo del director de cine Vicente Escrivá. Fuimos a ver el sitio donde yo iba a actuar, porque Michael Grade me quería presentar en Las Vegas.

Nos hospedábamos en el hotel Sahara, que, como todos los hoteles de lujo, tiene convertido el vestíbulo en un casino.

Durante el viaje en avión había estado presumiendo con Pepe de mi buena suerte y, al atravesar el vestíbulo, me dijo: «Anda, aquí tienes la ocasión. Demuéstrame la suerte que tienes».

Yo tenía dieciocho años y a Bermúdez, al que llamaba «papi», le había pedido que me diera dólares. Y para que no me abultaran, no se le ocurrió otra cosa que darme unos billetes de 1.000 dólares con objeto de que no ocuparan mucho espacio en el bolsillo. Sé que a mucha gente le parecerá increíble, pero aún en los años sesenta circulaban en Estados Unidos los billetes de 1.000 dólares. Se habían descontinuado en los años cuarenta, pero los que existían circularon hasta finales de los sesenta.

En mi inconsciencia, en mi petulancia de jovencito, me acerqué resuelto a la ruleta más cercana, saqué un billete de 1.000 dólares y le dije a Pepe, porque yo entonces no entendía nada de inglés, que pidiera que me lo cambiaran por diez de cien. Se hizo un silencio espectacular. Primero, porque un billete de mil dólares era algo insólito. Segundo, porque el que había sacado el billete era un mozalbete de muy pocos años.

Me dieron el cambio y puse un billete de cien a un número.

Se pone en marcha la ruleta y... ¡zas!, pleno, a la primera. Tres mil seiscientos dólares de premio. A mí me entró la risa. Pero no pude seguir riéndome mucho rato, ni volver a apostar, porque me dieron unos toquecitos en el hombro. Eran los de servicio de seguridad del hotel, que pedían que los acompañáramos.

Y fuimos a las dependencias de seguridad.

Que de dónde había sacado el billete, que quiénes éramos. Yo, en mi inconsciencia, enseñé los otros que tenía, pero como estábamos hospedados allí, les contamos que iba a actuar, se aclaró todo y no sucedió nada desagradable.

Estuvimos tres o cuatro días.

A mí Las Vegas no me gustó, ni siquiera la primera vez. Lo único que me interesa de ahí son los espectáculos musicales. Así que, en cuanto elegí el escenario en el que quería actuar, nos marchamos.

Pedí la cuenta del hotel y, al leerla, vi que era una barbaridad. ¿Qué hice? Tomé un billete de cincuenta dólares, me aproximé a una ruleta, puse el billete y ¡zas!, pleno. Me dieron mil ochocientos dólares. Con ese dinero pagué la cuenta —estamos hablando de hace más de 35 años— y con el dinero que sobró hasta pude invitar a unos amigos a ir a Grecia.

Dos veces dos plenos seguidos es una suerte inmensa.

La tercera ocasión fue una demostración exclusiva para Natalia. Estábamos en Puerto Rico. Al terminar el concierto y pasar por el hall, le dije: «Te voy a demostrar la suerte que tengo».

Aposté cincuenta dólares a un número, logré un pleno, cogí los mil ochocientos dólares, y a dormir. Porque yo no soy jugador.

Y la cuarta y última ocasión fue una demostración que les hice a los músicos, en Santo Domingo. En esta ocasión era más baja la apuesta y el premio menor, pero también me acompañó la suerte.

Jamás he vuelto a poner ni un billete ni una ficha en una ruleta.

Yo creo en la suerte. En la buena y en la mala. Y en las rachas. Eso no quiere decir que uno tenga que permanecer sentado esperando que la suerte le colme de bienes, de premios y de felicidad. Ya he dicho que también creo en el trabajo. Pero la suerte está ahí. Y te puede ayudar. Te puede empujar. O te puede poner las cosas más complicadas. Pero la mayor suerte de todas, la más grande, es la suerte de vivir.

XXV

EL RIGOR DEBIDO E IMPRESCINDIBLE

A veces, se me critica que sea muy severo con el régimen de comidas, y eso me enfada, de las pocas cosas que me enfadan, sobre todo el comentario frívolo de «¡por una vez!». Me molesta profundamente que, al rechazar yo algo, porque los médicos me han dicho que no es conveniente, alguien al lado, que no sabe de qué va la historia, o lo sabe pero ignora su valoración, suelte eso de «¡anda, hombre, por una vez!». Me parecería una falta de respeto inmensa al donante, a su familia, a los médicos que se han desvivido por rescatarme de una muerte segura, que yo ahora dilapidara todas esas atenciones con una conducta despreocupada. Efectivamente, por una vez pasa mucho. Y por dos, el doble.

No hace mucho, en Canarias, pedí unos espaguetis sin sal. Subrayé la circunstancia de que fueran cocidos sin sal, expliqué que no podía tomar sal, e hice ese tipo de consideraciones que son casi imprescindibles en cualquier restaurante para que te tomen en serio. Si pides algo que no lleve tomate, le tienes que advertir y asustar al camarero diciéndole que eres alérgico al tomate y que te caerás redondo y que puedes morir en el comedor para que lo haga llegar a la cocina, porque si simplemente dices que no puedes probar los guisos con tomate, el cocinero lo único que piensa es que tal como ha llevado a cabo el sofrito no lo vas a notar, porque en los restaurantes están convencidos de que la mayoría de estas advertencias son producto de los caprichos de los clientes.

Como conozco de sobra estas situaciones, insistí hasta ser pesado, pero prefiero ser tomado por pelma a que me tomen el pelo.

Vinieron los espaguetis y, al probarlos, noté que llevaban sal. Se lo dije al camarero, pero éste me aseguró que se habían cocido sin sal. Lo comprobó en cocina, le corroboraron que se habían cumplido mis deseos y sus órdenes, pero yo seguía afirmando que tenían sal.

La desavenencia estaba tan en punto muerto que incluso algunos de los que me acompañaban comenzaron a decirme que podrían ser obsesiones mías. Pedí que viniera la persona que los había cocido y le pregunté: «¿Está completamente seguro de que están cocidos sin sal?». Y el cocinero: «Sin sal. Con agua del grifo. Y el agua del grifo no tiene sal. Al contrario, es un agua más bien sosa». Y yo, insistiendo, como si se tratara del interrogatorio de una novela policíaca: «¿Y no le ha añadido nada más?». Y entonces confesó el cocinero: «Nada. Bueno, una pastilla de avecrem, que le solemos poner a los espaguetis».

O sea, que encontré la causa de que llevaran sal.

Otra vez, en Ibiza, la culpa la tuve yo, por bromear.

A los dos meses y medio de operarme, viendo que me encontraba bien, y con permiso de los médicos, alquilamos una casa en Ibiza, durante un mes, y nos fuimos en busca de la luz y del calor. Soy un andaluz rarísimo que huyo del sol. O huía. Porque también he cambiado algo en eso.

El caso es que una noche salimos a cenar y nos preguntaron en el restaurante que qué queríamos tomar antes de aperitivo. Como no pruebo ni una gota de alcohol, dije en voz alta, como una broma, «para mí un Campari», y añadía rápidamente «un Bitter Kas sin alcohol». Al traer las bebidas, me trajeron Campari. Se conoce que el camarero tomó la broma como cierta, o no me escuchó la rectificación posterior Yo no lo sabía porque las dos bebidas tienen un color muy semejante, pero cuando me lo llevé a la boca… ¡Me puse a escupir! Delante de los fotógrafos, delante de todo el mundo.

Dicen que soy exagerado, pero creo que forma parte del respeto debido. Y no creo que me pase. Creo que debo ser consecuente y responsable con el inmenso regalo que me han hecho. Y ya que estamos en medio de la cuestión, y aunque dudaba si abordarlo o no, creo que es mi deber denunciar que hay algunos casos de trasplantados, por fortuna muy pocos, que se toman con bastante ligereza las instrucciones médicas y actúan y llevan una vida algo irresponsable. Ésa es otra de las pocas cosas que me disgustan. Y que censuro. Me parece una insensatez tremenda derrochar el esfuerzo de tanta gente con una conducta que no se merecen ni los donantes, ni los cirujanos, ni los que han intervenido en ese milagro de la ciencia.

No, no peco de riguroso. Me parece que esta manera de vivir que a algunos les parece muy severa es sólo consecuente.

Otra de las cosas que ahora me ocurre es que procuro huir de las discusiones.

En esta casa nuestra nos reunimos todos muy frecuentemente a la hora de la comida. Se habla mucho, se discute más, cada uno expone sus opiniones... Al principio, intervengo. Luego, cuando mis hijos se apoderan de la palabra y la conversación sube de tono, me coloco como espectador de un partido de tenis y miro a un lado o al otro, según quién intervenga, hasta que hago mutis por el foro con el pretexto de que tengo que reposar en mi sillón, *tumbaíto*.

El Dr. Moreno me dijo una vez, al principio, que procurase estar tumbado un rato después de las comidas: «Cuando viajes en avión, no vayas doblado, ve tumbado». Y lo cumplo a rajatabla. Ya me he acostumbrado y no me cuesta ningún sacrificio cumplir con las exigencias de la comida, de la postura, de lo que sea.

Ahora, en el cuarto de baño, no hay ninguna medicina, excepto las que me han recetado. Quiero decir que no existen para mí ni las aspirinas. Y ya sé que si pillo un catarro, no puedo hacer otra cosa que guardar cama y suspender las actuaciones previstas.

Antes cantaba incluso mudo, con procesos diarreicos, con fiebre o atiborrado de antibióticos. ¿Suspender? Esa palabra no figuraba en mi vocabulario. Pues ya figura. Si no se puede actuar, no se actúa. El rigor debido e imprescindible lo exige así.

Y, afortunadamente, me resfrío poco...

XXVI

LA PRUEBA DE LA FIESTA

Después de celebrar mi cumpleaños en familia, y de escaparme a Navarra, decidimos celebrarlo con los amigos y organizar una fiesta en casa.

Se trataba, más que de celebrarme un cumpleaños (del que habían pasado ya tres semanas), de establecer el rito de incorporarme a la vida normal, de emprender de nuevo la ruta, eso sí, con los cuidados precisos.

Lo preparamos con mucha ilusión y a mí me pareció una especie de regreso oficial, aunque estuviera rodeado de personas de confianza.

No me sentí discriminado bebiendo agua y zumos, mientras los demás bebían lo que les apetecía, pero puede que anduviera midiendo mis fuerzas. En esa etapa, todavía más que ahora, estaba muy atento a cualquier señal que viniera de mi cuerpo.

La fiesta transcurrió dentro del agradable ambiente que habíamos previsto, pero antes de la medianoche, cuando ya había saludado y hablado con todos, sin decir nada, me retiré.

No es que estuviera cansado, ni que no pudiera resistir el trajín. Más bien, era yo el que procuraba no estirar la goma más de lo necesario, y desaparecí, mientras los demás continuaban con la fiesta.

Esta vez ni siquiera bailé, aunque yo soy muy bailón. Natalia no. En nuestra pareja ocurre al contrario de lo que sucede en la mayoría, que es el marido al que no le suele apetecer bailar, mientras a la esposa le gusta.

Así que como a Natalia no le hace mucha gracia bailar, yo bailo con todo el mundo.

Pero esta vez me fui a la cama. Sin tristeza. Sin sentimiento de renuncia. Sin ninguna sensación de sacrificio. ¿Sacrificio? Vamos, sólo recordar que ya no venían los picores a las nueve de la noche, solamente con ese detalle, tenía motivos para marcharme feliz.

Ya metido en la cama, escuchaba el eco de la música que venía del jardín. Así me dormí.

La fiesta fue muy útil para mí. Hasta entonces, con los enfermeros, con los amigos, incluso con la familia, yo estaba haciendo de manera continua el papel de enfermo. Era el paciente, el padre, el amigo, el esposo, pero, fundamentalmente, el enfermo. La fiesta sirvió para incorporarme a otro papel. Ya no era sólo el enfermo. Era también el amigo y el anfitrión, y eso significaba para mí un enorme paso adelante.

Creo que la fiesta fue el primer paso para la preparación de mi vuelta a los escenarios.

[illegible] vida [illegible] que [illegible]. Así me dormí.

La [illegible] los [illegible] inclusive [illegible] la [illegible] de [illegible] momento [illegible] de [illegible] y [illegible], pero [illegible] también el [illegible] significado [illegible] adelante.

Creo que [illegible] para [illegible] la [illegible].

XXVII

EL CONCIERTO DE LA ZARZUELA

Después de la fiesta me marché con Natalia a Londres. Londres es una ciudad que me gusta mucho. Y esta vez llevé a cabo algo que nunca había hecho: andar por la ciudad.

Al principio de mi carrera, de muy jovencillo, viví algún tiempo en Londres y pateaba algo, no mucho, Picadilly y los alrededores. Pero después de esa etapa, siempre que he ido a actuar, del teatro al hotel, del hotel al teatro, y puede que no mucho más. Pues en esta ocasión, acompañado de Natalia, anduve por la ciudad. Por Oxford Street, por Hyde Park, por Mayfair, por Chelsea... estaba descubriendo el placer de andar.

Me encontraba por la calle a gente que me conocía, y se acercaba para asegurase de que era yo, y todo aquello me ayudaba a dejar de sentirme «el enfermo».

Hasta tal punto que le comenté a Natalia que quería volver a grabar un disco, sin prisas, con tranquilidad, pero que sentía deseos de volver a mi trabajo. Estaba convencido de que era lo que tenía que hacer, pero era una decisión importante y quería conocer la opinión de Natalia. Me conoce tanto que me comentó:

–Me parece estupendo.

En el momento en que conocí su criterio, yo ya estaba deseando volver y consultarlo con el Dr. Enrique Moreno, quien tenía que decir la última palabra. Si fruncía el ceño, si consideraba que no lo podía hacer, o que resultaría perjudicial para mi salud, no me quedaría más remedio que renunciar a lo que más me gusta: cantar.

Enrique escuchó mis planes en silencio y dijo:

–Mira, Raphael, tú vas a cantar cuando quieras, cuando tú lo sientas.
–Es que ya lo siento. Es que me encuentro con fuerzas –le comenté.

Y, Enrique, rotundo, me soltó:

–Pues canta. ¿Quién te lo impide? Canta.

Salí contentísimo de la entrevista. A partir de ahí comencé la grabación de un disco y los preparativos para el concierto en el Teatro de la Zarzuela, que es un teatro muy difícil de lograr, porque tiene la programación cerrada de año en año, pero logré que unos meses después me dejaran una semana el teatro.

¿Por qué el Teatro de la Zarzuela? Porque es el teatro emblemático para mí. El que me abrió sus puertas para mi primer concierto. Un concierto que cambió para los cantantes su manera de actuar ante el público.

Y es que, cuando yo comencé, hace cuarenta y cuatro años, a los cantantes los contrataban para una sala, llegaba el momento de salir al escenario, aparecía el cantante contratado, y la gente se ponía a bailar mientras él actuaba. Pero daba lo mismo que fuera una chica desconocida que empezara que una gran figura. La gente consideraba que el cantante estaba allí para cantar y ellos para bailar.

Y yo no estaba dispuesto a pasar por esa situación, que me parecía poco natural. Si querían bailar, que pusieran un disco. Pero si el cantante se esforzaba, aparecía en directo, interpretaba una historia de amor, de lo que fuera, ¿cómo podía estar la gente bailando, y hablando de sus cosas? ¿Para qué le habían contratado? ¿Para hacer lo mismo que si él no estuviera y se escucharan sus discos?

Así que me prometí a mí mismo cambiaría esa situación. Y elegí nada menos que el Teatro de la Zarzuela.

Y me fue muy bien. Y desde entonces declinó la fea costumbre del baile. Los demás siguieron mi ejemplo, y los conciertos de los cantantes en teatros se popularizaron. Puedo presumir de que fui el pionero, a través de ese primer concierto en la Zarzuela.

¿Qué otro teatro iba a elegir para mi reaparición en Madrid? No podía ser otro.

Fueron cuatro conciertos. La primera noche fue especial, mágica. Fue un acontecimiento social y en el teatro estaba eso que se dice «el todo Madrid». No era un estreno. Era una resurrección, y había tanta expectación como cariño, tanto interés por comprobar el estado en el que me encontraba como afecto.

Por primera vez en un estreno, por primera vez, estaba toda mi familia en un palco, a la vista de todos: Natalia, Alejandra, Toni, Manuel y Álvaro. Jacobo no estaba en el palco. Jacobo estaba junto a mí, entre bastidores, porque necesitaba sentir a alguien al que mirar.

Generalmente, en mis estrenos todos están más desperdigados. Natalia, salvo en casos puntuales, no está sentada entre el público. Y Jacobo prefiere estar entre bastidores. Pero esta vez no era un concierto más, esta vez era la puesta de largo, después de una etapa en que creí que ya no volvería a cantar nunca más.

Y yo, que no me pongo nervioso, que lo único que siento son esas intranquilidades racionales sobre que todo esté bien, que la orquesta funcione, que no haya incidentes, pero que no albergo intranquilidades extraordinarias, yo, que estoy convencido de que salir al escenario es algo tan natural como para otros entrar en la consulta o en el despacho, yo estaba asustado. Asustado, sí. No tenía nada planeado sobre lo que iba a hacer. Soy de las personas que preparo una cosa pero no preparo milimétricamente la manera de hacerlo. No sabía si iba a hablar o si no iba a hablar. Y en caso de hablar, no tenía preparado ningún discurso, porque ni siquiera había sopesado la posibilidad de decir algo.

Y mientras sonaba la sintonía, el preludio de la orquesta que me indicaba que en unos segundos debería salir, estaba asustado. Y cuando salí a escena, continuaba asustado.

Y entonces, todo el público se pone a aplaudir, una ovación cerrada, y yo saludo, y sigue la ovación, y entonces la gente se pone de pie, todos de pie, y aquello sigue, dos minutos, tres minutos, cuatro minutos... Y no para, y yo ya no sé cómo inclinarme, aquello fue algo muy grande, todavía no me explico cómo no me puse a llorar, y cuando pasan ya de cinco minutos, y nadie para de aplaudir, decido que eso hay que cortarlo, han venido a escucharme a mí, no a que yo les escuche a ellos las palmas, y hago una señal a la orquesta para que comience, y ya no estoy asustado, ya se han ido los miedos, porque siento que estoy en el escenario, en mi casa, y que en el escenario soy yo el que manda, y donde me encuentro en paz conmigo, con Dios y con el diablo.

Y ese día grande, esos momentos maravillosos se repitieron a la noche siguiente, y a la otra. Y se han renovado de la misma manera en México, en Colombia, en Puerto Rico, en Monterrey o en Nueva York.

Estoy mucho mejor de voz. De verdad. Se lo comento siempre al Dr. Moreno. Tengo la voz como hace veinte años. Pero no es la voz. Se ha establecido una especie de comunión entre el público y yo en esta etapa. Son cuarenta y cuatro años en los que yo he ido dándole al vaso de mi trabajo, gota a gota, todo mi esfuerzo. Y el vaso se ha colmado con mi regreso. Me aplauden por todos los años anteriores y también, de alguna manera, por mis deseos de vivir. Y lo noto.

Entre los cambios experimentados están incluso los físicos, como el de las cuerdas vocales, y tampoco sudo ya. O apenas. Antes, al llegar a la canción decimotercera o decimocuarta, tenía que aprovechar un preludio de la orquesta para cambiarme la camisa empapada de sudor y darme un toque con el secador de pelo, allí mismo, a pie de escenario. Ahora, no sudo, como si me costara menos esfuerzo, o como si mi cuidado y mi vigilancia por cuidarme tuviese también su compensación.

Porque aparentemente hago vida normal, pero no es cierto. Lo que es normal es acudir al teatro dos o tres horas antes, actuar, y marcharme al hotel. Pero el régimen de mis comidas, mis horarios, mis querencias a estar *tumbaíto*, no son los de antes.

Ya no me marcho de gira nueve meses o un año. Salgo un mes o cinco semanas. Vuelvo a casa. Descanso. Y reinicio la gira tres semanas. Cruzo el Atlántico más a menudo, pero también estoy más tiempo en casa, y así no tengo que preguntar por teléfono qué es lo que están comiendo, sino que como yo con ellos.

El concierto del Teatro de la Zarzuela fue algo especial, muy especial. Inolvidable. Todavía no me explico qué mecanismos se pusieron en marcha para controlarme. Porque esperaba encontrarme con una ovación cerrada, pero no con aquella inundación de afecto tan prodigiosa, tan impresionante.

XXVIII

VUELTA A LOS TEATROS

Tras terminar los cuatro conciertos me fui a Guadalajara, Monterrey, México... en México me siento como en España. En realidad, en cualquier lugar de América me encuentro como si estuviera en mi casa, pero México tiene algo especial. Puede que haya hecho allí más amigos, y eso ayuda en las estancias largas.

Y en todos los lugares se repetían las acogidas extraordinarias.

Esta última gira la he llevado a cabo con los ojos de alguien que regresa a ese lugar donde han pasado momentos muy emocionantes y pensaba que no volvería a ver. Me sucedió con México. Y con Nueva York.

Antes de casarme viví en Nueva York una larga temporada. La casa estaba en Forest Hills, entre el aeropuerto Kennedy y Nueva York. Era una casa muy bonita, con jardín. Nueva York es una ciudad deslumbrante, viva, activa, extraordinaria, y la capital del mundo del espectáculo.

La primera vez que actué en Nueva York fue en el año 1967, en el Madison Square Garden. Después, he ido mucho al Felt Forum, que es una sala en el mismo Madison que tiene un aforo de nueve mil personas. Ha cambiado mucho de nombre. Primero fue el Felt Forum, luego el Paramount... Pero donde más veces he actuado ha sido en el Carnegie Hall. Voy casi todos los años. En una ocasión, coincidimos en los afiches de la fachada Montserrat Caballé, Arthur Rubinstein y yo. Fue la vez que mejor acompañado me he sentido...

En este último viaje volví al Carnegie Hall. Puedo decir que mi casa, teatralmente hablando, es el Carnegie, lo que ocurre es que, en algunas ocasiones, le engaño y me voy al Radio City.

El Radio City es fantástico para trabajar, porque a pesar de ser enorme tienes la sensación de que el público está encima y queda cercano. Pero una vez lo pasé muy mal. Salí por el lado de las escaleras por donde suben las famosas *Rockettes* y, sin saber por qué, comencé a subir...

Y, saludando, llegué hasta el cuarto piso a la vista del público. Y, una vez allá arriba, mirando el panorama, observando a la gente, me acordé de que le tengo pavor a las alturas y de que sufro algo de vértigo. «¿Y cómo bajo yo ahora?», me pregunté. Porque lo único que hay es una especie de cuerda gruesa a modo de barandilla. Creo que ha sido la bajada más fea de mi vida. Bajé a tientas, usando la cuerda de pasamanos, pero la cuerda se movía si te apoyabas demasiado, y el público debió de notar algo muy raro. Qué cosas...

Mi casa es el Carnegie, aunque es el teatro más estricto y que más normas tiene diferentes a las demás salas. Por ejemplo, sólo se puede salir por la izquierda del espectador. El lado derecho está cerrado. Y a mí, precisamente, me gusta salir por el lado derecho del espectador, es decir, por mi izquierda. ¿Es una superstición? Lo será, pero en todo caso es una superstición muy difícil de cumplir en el Carnegie. ¿Qué hago? Salgo por el lado izquierdo del espectador, por el que está abierto, me voy por detrás de la orquesta, sin que me vea nadie y aparezco a la derecha del espectador, como siempre.

Otra de las normas de la casa es que no permiten pasar a los camerinos. A nadie. Creo que si llegara el presidente de Estados Unidos con la intención de saludar al artista que acababa de actuar, no le permitirían el paso. En mi última actuación tuve que hacer gestiones para que dejaran pasar a unas cuantas personas, entre ellas a Tomás Muñoz, y accedieron, pero no les hace ninguna gracia.

Además, cierran el escenario hasta el momento de la apertura. Te dan las horas de ensayo que necesites, pero una vez que ha terminado el ensayo se cierran las puertas de acceso al escenario con llave. A mí, que me gusta, veinte minutos o media hora antes de que se abran las puertas, entrar al escenario y dar unas cuantas notas para calentar la voz y notar la acústica, aunque sepas que cambiará cuando el público haya ocupado sus localidades, no lo puedo hacer.

Eso sí, a cambio, te proporcionan un amplio camerino, enorme, donde dispones dentro incluso de un piano de cola, por si quieres ensayar. Más que un camerino, es un amplio apartamento con gran salón incluido.

Comentaba no hace mucho con José Carreras el cambio que ha experimentado España con los teatros. Me decía él que, hasta hacía ocho o diez años, estaba limitado a media docena de lugares. Ahora, en cambio, puede actuar en muchos más sitios, porque se ha llevado a cabo una política de inversiones y restauraciones en teatros que han logrado que en cualquier ciudad, por pequeña que sea, exista un teatro, no sólo digno, sino cómodo y acogedor, aunque los camerinos no sean los del Carnegie.

Claro que lo grande no es sinónimo de calidad. Recuerdo una actuación en Australia, en el teatro de la Ópera, enorme, como un barco gigantesco, en el que noté durante los ensayos que la acústica era mala. En la actuación todavía fue peor. Espero que lo hayan solucionado.

Recuerdo con agrado, excepto ese incidente, que más que incidente era crónico, Sydney, Perth, Melbourne...

Me pongo a repasar teatros y he estado hasta en las fronteras de Mongolia, en tierras rusas. Todo lo de Rusia empezó por el cine. O puede que fuera más exacto decir que comenzó con Leonardo Martín.

Estaba yo actuando en el Teatro San Fernando, de Sevilla. Era en mis comienzos. Hace tanto tiempo que ya ni existe el San Fernando.

Llevaba un espectáculo que se llamaba *Noche de Ronda* o *Festival en color*. Por el norte del país le poníamos un nombre y, por el sur, otro. No nos iba mal, pero tampoco bien. Pagábamos puntualmente, eso sí, pero creo que no ganábamos un duro.

Un día, abrió la puerta Paco Gordillo y me dijo:

—Niño, este señor quiere saludarte. Es productor de cine.

Paco siempre me llamaba «Niño», y lo de productor de cine a mí me sonaba a cosas diferentes, que no tenían que ver con las mías, porque yo lo que quería era triunfar con mis canciones.

Entonces entró Leonardo y me soltó:

—Le felicito. Nunca había conocido a una persona como usted, que ponga tanta pasión sobre el escenario.

Y continuó diciendo muchas cosas halagadoras sobre mí. Hacia el final, cuando ya iba a marcharse, me preguntó:

—¿Usted no quiere hacer cine?

Aquello no me lo esperaba, y me sorprendió muchísimo.

—¿Yo? —pregunté, asombrado.

Puede que cueste creerlo, pero a mí me había chocado, no me produjo una especial ilusión. Por emplear un término al que hemos hecho referencia, «no estaba en mi guión». Lo que sucedió es que, después, comentándolo con Paco, consideramos que hacer una película podía reforzar mi carrera de cantante, porque suponía miles y miles de carteles, repartidos por ahí, sin tener que hacer ninguna campaña. Y dijimos que sí desde ese punto de vista, como algo subalterno que ayudara al cantante. Lo que ocurrió fue que el cine te seduce, y te llega a atrapar.

La primera película fue *Cuando tú no estás* y la dirigió Mario Camus. Luego me dirigiría también en *Al ponerse el sol* y *Digan lo que digan*. Más tarde, a Mario le tomaría el relevo Vicente Escrivá que me dirigió en *El golfo, El ángel* y *Sin un adiós*.

Recuerdo perfectamente mis primeros días en la primera película. Me levantaba a las seis de la mañana, y, a las ocho, ya estaba en el plató hasta que me marchaba a casa a las tantas. Como madrugaba tanto, hacia el mediodía me tenía que volver a afeitar para seguir rodando.

El caso es que unos señores habían ido desde Rusia al Festival de San Sebastián a preguntar por mis películas, pero no se pasaban ahí. Decidieron comprarlas todas y se las llevaron para exhibirlas en lo que entonces era la Unión de Repúblicas Socialistas Soviéticas (URSS).

Digan lo que digan se tradujo al ruso y tuvo mucho éxito.

Ocurrió, tiempo después, que se recibió una carta en la oficina de Paco Bermúdez, procedente del Goskonzert, una institución oficial, en la que se me proponía la posibilidad de dar una serie de recitales en Rusia, porque el público ruso tenía ganas de verme en directo. ¿De dónde venían esas ganas? Pues de las películas.

Sucedía entonces que la URSS, en la España oficial, era algo así como el malo de la película. España era una dictadura anticomunista y la URSS era la madre del comunismo. Es más: en mi pasaporte ponía «válido para todo el mundo, excepto para Rusia y países satélites».

Lo veíamos tan complicado que contestamos diciendo que no teníamos tiempo por los compromisos contraídos con anterioridad. Pero siguieron llegando ofertas. No era raro que de la oficina de Bermúdez nos avisaran: «Hay otra carta del Goskonzert».

Insistieron tanto que decidimos aceptar, aunque era bastante complicado por la cuestión de los permisos, los visados, esos engorros.

De pronto, todas las dificultades se arreglaron. Iba a París, dejaba mi pasaporte en la Embajada de España en Francia, y ellos me daban un pasaporte válido solamente para un viaje. Y así fue como en el año 1969, sin que mi país tuviera relaciones diplomáticas con la URSS, llegué allí y actué nada menos que en cuarenta conciertos, comenzando en San Petersburgo, que entonces se llamaba Leningrado.

Fue una gran experiencia. Aunque me costó adaptarme a las reacciones de un público diferente. En España y en América salía al escenario y *¡¡¡Hhuuuuuaaaaa!!!,* escuchaba un clamor de bienvenida. Aquí no. Aquí salías y el silencio era total y respetuoso. Es más, terminaba, y yo estaba acostumbrado a que en Buenos Aires o en Madrid antes de concluir la última nota ya te están aplaudiendo. Pero allí era diferente. Terminaba y, durante un angustioso par de segundos, se podía escuchar el silencio. Yo me decía: «No estás gustando nada». Y me preocupaba. Hasta que ocurrieron dos cosas: una, que se encargaron de explicarme que les agradaban mucho mis actuaciones, pero que era su manera de reaccionar ante los artistas; y dos, que al cabo de unos días, ya se empezaron a escuchar *bravos,* y el ambiente se puso tan caldeado como en América.

He vuelto muchas veces a Rusia. Y no es fácil comprender el cariño con el que me reciben, teniendo en cuenta que yo canto en español. Me sigue asombrando ver carteles míos por las calles de Moscú, escritos en cirílico, de los que lo único que entiendo es mi cara.

Es cierto que al principio venía un publico que en un alto porcentaje estudiaba español, pero he estado, como he dicho antes, hasta en la frontera de Mongolia, y en todas partes han reaccionado con entusiasmo.

Hace ocho años que no he estado en Rusia.

Volveré.

XXIX

A LOS QUE ESPERAN

Es muy probable que este libro caiga en manos de alguien que está esperando un trasplante de órganos. O de uno de sus familiares. Más que probable, estoy convencido de que así será.

Me gustaría dirigirme especialmente a ti, y tutearte, si me lo permites, porque estas situaciones acercan mucho más que una larguísima relación y establecen una suerte de complicidad más intensa que cualquier otra. No hay estamento social, profesión, afinidad política, ni lugar de nacimiento que establezca una relación más cómplice que la que se establece entre los que esperan un trasplante o los ya trasplantados.

A veces, en el camerino, hay una persona que parece rehuir a los demás, que se ve en seguida que no viene a por un autógrafo, ni está allí sólo para mostrar un elogio en persona. Hasta que aprovecha la ocasión en que estás menos rodeado de gente, acabas de despedir a alguien, se acerca, te da la mano, y, con la voz baja y la mirada sobrentendida de quien te supone de la misma cofradía, te dice en un susurro: «¡Enhorabuena! Muy bien. Yo también soy un trasplantado!».

Hay muchos. Muchos. Han pasado por lo mismo que has pasado tú. Han conocido las mismas angustias, idénticos desamparos, y se reconocen en ti y tú te reconoces en ellos.

Y están los que esperan «el día H». Los que cada día que pasa es un día más y, por tanto, un día menos. Los que no han pasado el examen y están deseando el día de la convocatoria, por mucho miedo que proporcione la llamada.

Quisiera alentarles y suplicarles que no pierdan nunca la esperanza. Cuanta más larga es la espera, más se acorta la esperanza, lo sé, pero hay que mantenerla viva y estar convencido de que al final del túnel no hay una pared, sino otra boca que sale al exterior y a la luz.

Y que resistan esas jornadas tristes, plomizas, casi negras. Las conozco bien. Van cayendo con la lentitud del plomo derretido y abrasan lo mismo. Se quieren apoderar de tu voluntad y engullir la última ración de optimismo que te quedaba.

No hay que permitir que lo consigan. Porque cuando logran una plaza, no se conforman y van a por la siguiente hasta que te derrotan, y lo que te derrota no es sólo la enfermedad, sino la falta de esperanza. No hay que tolerarlo, ni dejarse llevar, ni aceptarlo como algo irremediable.

Uno de los aspectos más importantes de la resistencia, uno de los sacos terreros más eficaces para combatir el pesimismo destructor es el convencimiento de que saldremos de esto. ¡Y se sale! De verdad. No se trata de unos pocos casos raros y extraordinarios, sino que ésa es la pauta.

Y ya sé que lo peor de todo ello no es la espera en sí, sino la ignorancia de cuánto va a durar. A ello se añade que, a medida que transcurren los días, no mejoras. Hay mañanas estables, tardes más o menos apacibles, pero de semana en semana vas a peor. Eso es cierto. Y eso tampoco ayuda a mantener alta la moral.

Pues bien, a pesar de todos esos inconvenientes, a pesar de que parece que juegas en campo contrario y con menos jugadores, incluso que da la impresión de que el partido está decidido por goleada en tu propia portería, hay que luchar hasta el último minuto porque nadie sabe dónde está el árbitro y en qué instante pitará el final del encuentro.

Y si logras resistir esa presión, escapar de ella, no darte por vencido, significará que el que vences eres tú, aunque sea en el último minuto y de penalti.

No entiendo de fútbol, ni me gusta. Pero sus reglas están muy extendidas y son conocidas por casi todo el mundo. Y este partido hay que jugarlo hasta el último minuto. Sin ganas. Sin fuerzas. Pero sin rendiciones.

El día H, el anhelado día H termina por llegar. Y para que llegue es necesario ese sobreesfuerzo, ese vigor y ese empuje, precisamente cuando se dispone de menos bríos.

La resistencia —me refiero a la resistencia psíquica— juega un papel muy importante en esta paciente expectativa. Casi fundamental. Porque si se pierde la lucecita de la ilusión, se desmorona antes todo lo demás.

Yo os pediría, te pediría, temple y confianza. Seguridad. Convicción en que el día H está a la vuelta de la esquina. Merece la pena ese trabajo añadido. Merece la pena. Y pediría a los que te rodean que te hagan un cerco de cariño, de ayuda, de comprensión, de paciencia. Que no te anden jodiendo con tonterías. Que lo más importante del mundo en ese momento eres tú.

Porque es el medio más eficaz para que un día, tras conseguir el billete de regreso, abras los ojos de nuevo y veas los de tu padre, los de tu madre, los de tu hijo.

Las tentaciones para el abandono son muchas y las entiendo. Es un combate donde el único que recibes golpes eres tú. Yo mismo me encerré en un par de ocasiones en lo «no está en mi guión», porque me encontraba harto.

Si hubiera sido fiel a esa pataleta, no habría hecho estas confesiones, ni te estaría hablando a ti. Yo mismo lo decía con la boca pequeña. Puede que para desahogarme. O puede que en ese segundo desesperado fuera sincero. Pero hay que resistir, con la mueca de dolor, con lágrimas, con escasas fuerzas y hasta con reparos por si te están mintiendo. Pero resistir. Porque esa resistencia es la que te dará más posibilidades para que una mañana, o una noche, se reciba esa llamada hacia la hora de la verdad.

Hasta entonces, quisiera enviarte un abrazo solidario, y el deseo de que pronto, a otro compañero, a otra persona, le digas lo mismo que te estoy diciendo yo, porque eso significará que ya estás de regreso, que ya te han vuelto a enchufar, que el mecanismo funciona correctamente y, por tanto, ya eres otro de nosotros.

Y no dejes de cuidarte, porque lo más importante eres tú.

XXX

¡QUIERO VIVIR!

Ese grito íntimo, que me sonaba por dentro, en las dolorosas noches de espera, no se me ha olvidado.

Quiero vivir, porque me gusta irme con Natalia a una playa que nadie conoce, en invierno, cuando está solitaria, y pasear por ella. Y mirar el mar.

Quiero vivir para contemplar el movimiento de las hojas del sauce, que es el árbol que más me gusta.

Quiero vivir para ver crecer a los hijos de mis hijos, y contemplar cómo esparcen los juguetes por el jardín, y ver cómo sus padres, aunque sean padres, siguen siendo «mis chicos».

Quiero vivir para hablar con Manuel, y escuchar sus proyectos, y aguantarme los consejos si no son oportunos, y callarme si es necesario o darle mi opinión, si me la pide.

Quiero vivir para entender el misterio de por qué cuando se casó Jacobo aguanté las emociones y, cuando llevé a Alejandra del brazo al altar, tuve que contener las lágrimas, a ver si entiendo algún día la diferencia que nos causan a los padres los chicos y las chicas.

Quiero vivir para contemplar la lluvia, y, después, salir a oler la tierra mojada en esos días grises que tanto me gustan y tanta paz me dan.

Quiero vivir para que no se me olviden los amigos que tengo, su emocionada entrega, y la deuda moral que he contraído con todos ellos.

Quiero vivir para dar ánimos a los que esperan un trasplante y para invitar a todo el que quiera escucharme a que se haga donante.

Quiero vivir para responsabilizarme de una generosidad inmensa, y cumplir los requisitos que se me han pedido, y cuidar de lo que me han dado, con mimo y con dedicación.

Quiero vivir para tener la oportunidad de envejecer con los míos.

Hay personas que dicen que ante las emociones fuertes sufre su corazón. Es posible. Yo creo que el órgano que rige mis sentimientos es el hígado. Si yo estoy contento, él está contento; y si algo me apena, se pone triste.

Por eso, procuro no enfadarme y, así, no se tensa. Y relativizo los problemas, que casi nunca son tales, ni demasiado importantes, porque —repito— el problema de verdad es la muerte.

Dicen que la enfermedad nos vuelve muy egoístas, porque pasamos la mayor parte del tiempo observándonos y dedicándonos nuestra atención. Puede ser. Pero también es cierto que nos vuelve más humildes, porque las dificultades y las miserias pasadas agotan cualquier reserva de soberbia por mucha que se conserve, y nos incita a apreciar los pequeños detalles, a disfrutar de las pequeñas cosas, a entender que el cielo está ahí para que lo miremos, y es mucho más tremendamente bonito y más interesante que los escaparates. O que el sol tiene la costumbre de salir todos los días, y que no hay por qué asombrarse, pero en esa mañana hay muchos que ya no van a ver la luz del sol.

Quiero vivir para hacer lo que he hecho toda mi vida, cantar, que puede que no sea muy útil, pero que les agrada a muchas personas y les hace olvidarse de algunos asuntos, o les recuerda otros, o, simplemente, les emociona o les alegra.

De vez en cuando, mi mano izquierda se posa en el costado derecho. Al principio pudo ser un movimiento reflejo, pero ahora es un encuentro amistoso, un diálogo mudo entre mi mano y mi hígado trasplantado. Y le gusta a mi mano ese viaje al costado, y creo que le agrada a mi hígado nuevo esa preocupación y ese saludo.

Y, a veces, no me atrevería a asegurarlo, pero así lo he percibido, la mano nota una especie de grito que viene del costado, un grito optimista, convencido, ilusionado, que dice «¡quiero vivir!».

Y estoy dispuesto a obedecer entusiasmado esa consigna, mientras tenga fuerzas y me sigan acompañando los que yo quiero y amo.

AGRADECIMIENTOS

Mi infinito agradecimiento al Servicio de Cirugía General, Aparato Digestivo y Trasplante de Órganos Abdominales del Hospital Universitario 12 de Octubre.

Prof. E. Moreno González

ADJUNTOS
Dr. E. Moreno González
Dr. A. De La Calle Santiuste
Dr. J. I. García García
Dr. P. Rico Selas
Dr. F. Escudero Benito
Dr. C. Jiménez Romero
Dr. D. Hernández García-Gallardo
Dr. J. C. Meneu Díaz
Dr. M. Abradelo de Usera
Dr. A. Gimeno Calvo
Dra. A. Moreno Elola-Olaso
Dr. B. Pérez Saborido

RESIDENTES
Dra. M.ª Luz Herrero Bogajo
Dra. Y. Fundora Suárez
Dra. M. Fraile Vasallo
Dra. P. Ortega Domene
Dr. J. Cortina Oliva
Dra. M. Sánchez Gallardo

Dra. M. Donat Garrido
Dr. J. Garófano Mota
Dra. I. Siciliano
Dra. V. Barra Valencia
Dra. M.ª Carmen Hernández Pérez
Dr. S. Jiménez de los Galanes Marchán

ENFERMERAS
Inmaculada Vidal Pérez (supervisora)
Yolanda García García
Adela de Aragón Serrano
Consuelo Pariente Matamala
José Ruiz Conejero
David Malagón Núñez
Benigna Pelayo Marabot
Raquel de Ama Zayas
Sergio Arenbas Hernández
Blanca Vallejo Campo
M. Ángeles Serrano López
Milagros Yela Ruiz
Rosa María Ruipérez Ballesteros
Anabel Martín Manzano
M. Victoria Rodríguez Alcántara
Rosa M. Cortés Pinilla
Nuria Vela Blas
Dolores Torres Moreno-Cid
Nuria Martín Prior
Raquel Manuel Garijo

CONSULTA TX HEPÁTICO
Alicia Muñoz Ortiz
M. Soledad Silio Rodríguez
Esther Clemente Martínez

AUXILIARES
Mercedes González González
Pilar López Camacho
Adoración Ortega Carvajal
Milagros Marugan Collado
Mercedes Valiente González
Esperanza Riquelme Sánchez
Sofía López López
Antonia Paredes Leal
Nieves Serrano Yuste
Asunción Pérez de Muñoz Iriarte
Carmen Fernández Hervías

A todos y todas, gracias de todo corazón.

Raphael